普通高等教育“十四五”规划教材

PINGPANGQIU YUNDONG JIAOCHENG

乒乓球运动教程

主编◎吕天慈　王合霞

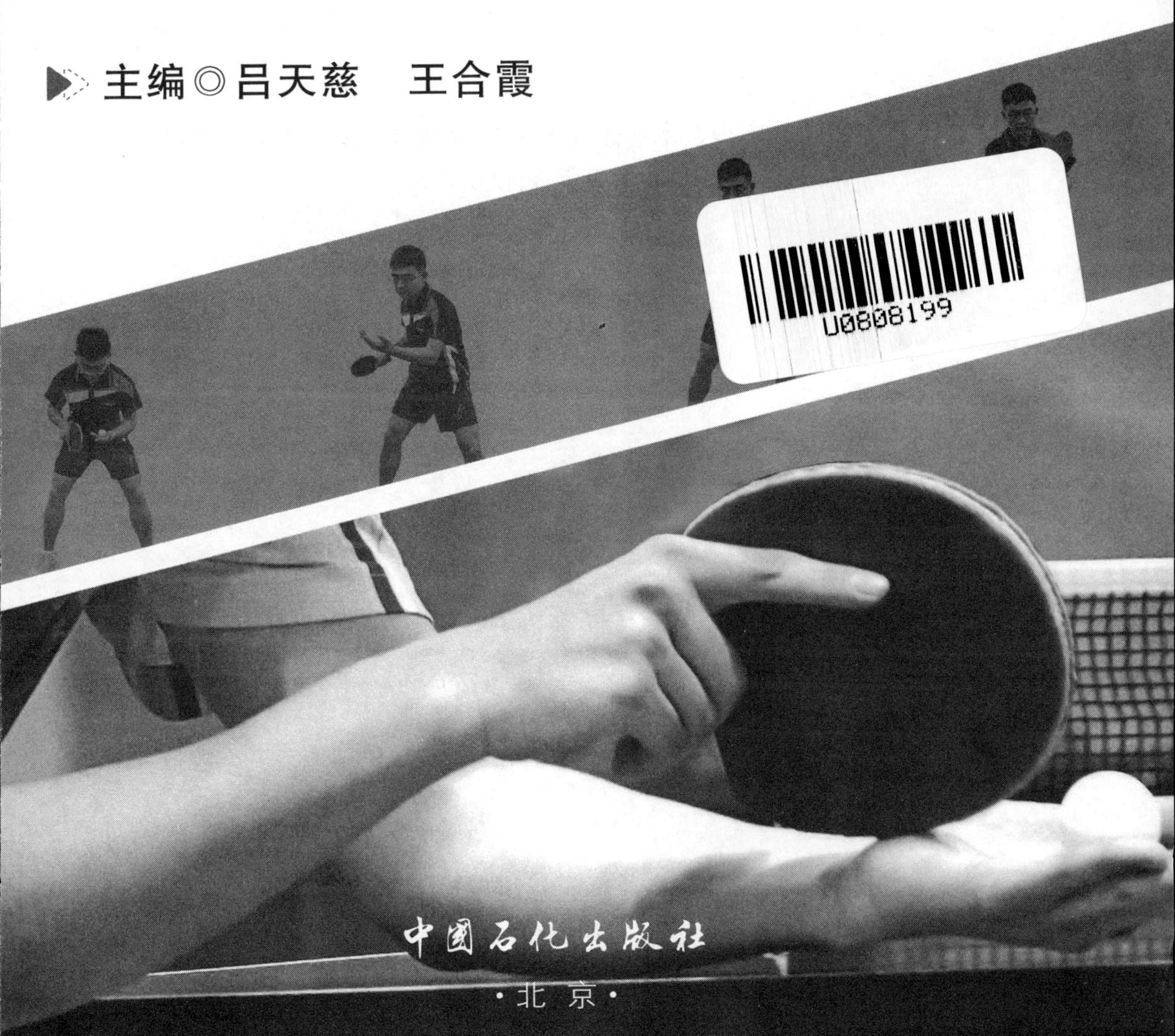

中国石化出版社
·北京·

图书在版编目(CIP)数据

乒乓球运动教程／吕天慈，王合霞主编．—北京：中国石化出版社，2024.5
ISBN 978-7-5114-7520-6

Ⅰ.①乒… Ⅱ.①吕… ②王… Ⅲ.①乒乓球运动-教材 Ⅳ.①G846

中国国家版本馆CIP数据核字(2024)第091247号

中国石化出版社出版发行
地址:北京市东城区安定门外大街58号
邮编:100011　电话:(010)57512500
发行部电话:(010)57512575
http://www.sinopec-press.com
E-mail:press@sinopec.com
北京富泰印刷有限责任公司印刷
全国各地新华书店经销
*
710毫米×1000毫米16开本11.75印张307千字
2024年5月第1版　2024年5月第1次印刷
定价:48.00元

前言

乒乓球，被誉为“桌上的网球”，不仅是一项体育竞技，更是一种精神的传承和文化的交流。乒乓球的魅力，源于其独特的运动方式和战术变化。每一次挥拍，都是对速度、力量、旋转和落点的完美掌控；每一次对决，都是智慧与勇气的较量。

乒乓球是我国的国球，乒乓球运动也是我国最具有优势的竞技体育项目之一。中国乒乓球队自从步入世界乒坛已半个多世纪，迅猛发展，长盛不衰，像一座高塔一样屹立于世界乒坛。

中国乒乓球运动的辉煌成就离不开广泛的群众基础。这项运动对场地的要求较低，运动强度适中且趣味性强，经常练习能增强心肺功能，提升身体协调能力，锻炼反应速度和专注力，同时也有助于释放压力、促进社交互动，是一项既能锻炼身体又能提高心理素质的优质运动。大学校园里，有很多的乒乓球爱好者，目前国内大多数高校都开设了乒乓球课程，学生自发组成的乒乓球社团也比比皆是。

在这本《乒乓球运动教程》中，我将带领大家走进这个充满魅力与挑战的世界，共同探索乒乓球的无穷奥秘。通过这本书，我将为大家详细介绍乒乓球的基本技术、战术运用、训练方法以及比赛心理等方面的知识，帮助大家更好地理解和掌握这项运动。

《乒乓球运动教程》紧扣乒乓球专项教学内容，在编写时充分考虑了大学乒乓球课堂中可能存在的实际问题。其他兄弟院校在乒乓球教学中，可以根据课程的实际课时数进行选用。

本教材第一章主要介绍乒乓球运动的起源与发展，中国乒乓球历史中的重要人物，国内外乒乓球重要赛事；第二章介绍乒乓球运动的场地要求、器材与服装、球鞋、球拍和球的选择、球桌和球网的尺寸与规格；第三章介绍乒乓球基本理论，包括乒乓球的常用术语、技术要素、乒乓球击球基本环节与动作结构、乒乓球的常见打法及步法；第四章和第五章是全书的重点，介绍乒乓球技术，如握拍、基本站位、基本姿势、发球（旋转发球、快速发球、变化发球）与接发球（如对球的预判、快速移步接发球、快速旋转手腕接发球）、进攻（正手攻、反手攻）、推挡、弧圈球、搓球、削球等技术，乒乓球运动中的常见战术；第六章介绍乒乓球运动员训练方法，如球感和球性的培养、战术的训练、不同打法的训练及身体素质训练；第七章介绍乒乓球双打的有关知识和训练方法，如双打的配对和常见战术、站位和走位配合等。

在编写这本书的过程中，我深入研究了乒乓球运动的历史和发展，汲取了众多优秀教练和运动员的宝贵经验。同时，也结合了自己的实际教学经验和心得，力求让这本书更加贴近读者的实际需求，更具实用性和可操作性。我衷心希望这本书能成为乒乓球爱好者的良师益友，帮助大家在乒乓球的道路上走得更远、更稳。同时，我也期待与大家一起分享乒乓球运动带来的快乐和挑战，共同见证中国乒乓球运动的辉煌与未来。

本书由吕天慈（毕业于湖南大学体育学院，现执教于中国石油大学（北京）体育与人文艺术学院）；王合霞（毕业于北京体育大学，现为中国石油大学（北京）体育与人文艺术学院教授、研究生导师）主编。在此，我要感谢中国石油大学（北京）乒乓球代表队队长何天（2023 级博士研究生）、队员刘继坤（2021 级博士研究生）和摄影师陈宣衡同学（2021 级本科生）。何天博士担任本书的技术模特，并在拍摄过程提供了大量有益的建议；刘继坤博士在教材成文过程中不遗余力地给予了帮助；陈宣衡同学以其专业的技术和敬业的精神保障了本教材技术图解的拍摄质量。最后，我要感谢所有支持和关心这本书的人，是你们的鼓励和支持让我有勇气写下这本书。也感谢所有在乒乓球道路上给予我帮助和指导的老师、教练和队友们，是你们的陪伴让我不断成长和进步。让我们一起，用乒乓球的热情和汗水，书写属于我们的精彩篇章！

本书既适用于乒乓球初级爱好者，也适用于掌握一定基本技能的中高级乒乓球选手。

限于编者水平，书中难免存在错漏之处，敬请专家和读者批评指正。

编者
2024 年 5 月

目 录

第一章

乒乓球运动的起源与发展

第一节　乒乓球运动的起源

乒乓球(table tennis)，被称为中国的“国球”，是一种世界流行的球类体育项目，涉及进攻、对抗和防守等技术。在世界运动历史上，乒乓球可以说是一项十分年轻的运动项目，与发展成熟的田径运动相比，乒乓球可以算是一个后起之秀。乒乓球运动大致出现于19世纪末期，至今已经有了100多年的历史。在这100多年里，乒乓球运动从无人问津到举世瞩目，从最初的民间游戏到世界赛场上的正式项目。乒乓球运动现在已经成为中国文化的一个符号，中国的乒乓球技术在世界范围内已经得到了广泛认可，现在也成为中国人民骄傲的资本。

一、乒乓球运动的来源

目前，关于乒乓球运动的来源，世界上有几个较为流行的版本。

(一) 羽毛球来源说

曾经有学者认为乒乓球来源于古老的羽毛球游戏，国际乒联博物馆中就有类似的资料来证明这一说法，最初的羽毛球游戏是在中间无网的场地上采用拍子随意相互击打一种物体到对方区域的一种娱乐行为。从公元1760年一个名叫Filament的人所做的雕刻作品中可以看出，两个小孩面对面站立，在一块空地上使用木球拍玩击球的游戏，这个游戏与现在的乒乓球游戏十分相似。

(二) 网球来源说

有一大批学者认为乒乓球游戏的进化与古老的游戏“室内网球”(Jeu de Paume)，也就是后来真正意义上的网球游戏息息相关。在大约1000多年以前，球拍运动的开山鼻祖——网球，最初是使用手掌来打球的，继而使用皮革或者布包裹着手掌击打，再到后来使用长而坚硬的实木棒击打。一直到了16世纪，人们才开始使用紧绷的线所做成的球拍来打球。草地网球在19世纪70年代和80年代间是一项十分流行的运动，深受当时人们的喜爱。游戏开发商试图利用草地网球的成功，在室内球类游戏的基础上开发新游戏，从而创造了乒乓球运动。1576年，在比利时北部的安特卫普港，Sawbucks出版了一本极其罕见的版画书，书中可以看到早期的网球剧院或网球场，这表明室内网球是乒乓球运动的“鼻祖”。

(三) 其他说法

匈牙利乒乓球运动员凯伦在《乒乓球的历史》一书中提到200多年前在日本宫

廷曾流行的一种羽毛毽子游戏，因此，有学者认为乒乓球运动是由这种游戏演变而来的。也有学者提出了不同的想法，他们认为乒乓球最初流行于英国及德国宫廷。据说大不列颠及爱尔兰联合王国国王爱德华七世曾经赠予德国皇帝乒乓球器械，从那以后便由宫廷传入了民间，最后成为欧洲一种流行于家庭的游戏。而苏联的伊万诺夫在其所著的《乒乓球练法》一书中曾提到，19 世纪初期俄国的莫斯科和圣彼得堡普遍流行一种叫作飞球的运动，所用的是网球球拍，而球却是插有羽毛的软木塞。后来受到天气寒冷的影响，运动逐渐从室外转为室内，因此器具也随之发生了变化。以餐桌为球台，中间隔一个球网，使用木质的球拍击打一种外包毛线的橡胶皮球，成为桌上网球的前身。

据史料记载，大约在清朝初期，我国就已有台球流传于民间，深受人们喜爱。在我国四川、云南二省交界山区的苗族人，就把这种台球游戏当作农闲和饭后的消遣。在台球游戏中，他们用晒干的梧桐树或柑树的果子当球，用带长柄的木板当球拍，用门板当球台，然后两边对打。当时的人们称此为“臭柑子”游戏。另据资料记载，清末珠江流域也盛行类似的游戏，不过当地不用干果当球，而是用猪尿脬吹气做成小球。这种小球比干果的弹性要大得多，不仅可以在桌上对打，甚至可以在地上或在空中对打。这可以说是乒乓球运动的前身。

另一种说法是乒乓球运动源于南美洲。当地的印第安人用橡胶树的汁液做成实心球，晾干后重量轻、弹性好，他们称之为“马卡瓦”，在当地备受欢迎。这个游戏后来由哥伦布等其他探险家带回欧洲并且逐渐传开。

可以看出，关于乒乓球运动的起源，有太多种说法，因此关于其真实性已经无从考证，也一直充满着悬疑。不同国家和地区在不同的历史时期流行着类似乒乓球运动的游戏是十分合理且可能的，所以很难说乒乓球到底发源于哪种游戏。从现有的历史资料来看，古老的网球比羽毛球的历史更加悠久。同时根据史料的考证，目前学者普遍接受网球运动是乒乓球的“鼻祖”这一论点。19 世纪初，正是由于欧洲网球运动的盛行，给乒乓球的诞生打下了良好的基础。乒乓球的英文“table tennis”与网球的英文“tennis”也有着异曲同工之妙。

二、乒乓球运动的起源地

关于乒乓球运动的起源地，世界各国有着不同的传说和版本，但最大的争论还是集中于是起源于美国还是起源于英国。

（一）起源于美国的学说

一个纽约富人区的乒乓球成员 Cornelius Schaad，他的本职工作是律师，同时他还有另一个身份，是一个以美国塞勒姆、马萨诸塞州为基地的乒乓球宣传者，在他的《Ping-Pong：The Game，Its Tactics，and Laws》(1930年著)一书中认为，乒乓球游戏不是起源于英国，而是起源于美国。对此持有相同看法的还有主要以游戏开发为方向的帕克兄弟公司，以及美国的乒乓球协会。正式的"桌球"游戏名称出现于1887年乔治·帕克的游戏目录上。赛璐珞球的跨世纪革新使得乒乓球这项游戏更加流行，美国帕克兄弟公司的英国经销商、专卖游戏和玩具的Hamley兄弟在1901年把"乒乓球"在美国专利办公室注册，而且在全美进行销售。后来帕克兄弟从杰奎斯处买断了除美国之外所拥有的"乒乓球"世界版权。因此，乒乓球在美国已经家喻户晓。那些如同帕克兄弟公司一样，通过发展乒乓球运动来推广他们产品的人们，就认为乒乓球是他们的游戏了。这也是有学者认为乒乓球起源于美国的一个重要原因。

（二）起源于英国的学说

Cornelius Schaad把早期的乒乓球写为"游戏"(一个在室内进行的小尺寸的球类游戏)。在这个游戏中，人们使用"一个结实的质量很轻的外包裹网状的球"，以免破坏家具。这个游戏不仅可以在餐桌上进行，也可以在地板上进行。对于此游戏的来源，Cornelius Schaad说："这个游戏产生于塞勒姆与马萨诸塞，但主要由伦敦室内游戏制造者开发。"人们在研究帕克兄弟公司的档案时发现，1887年，马萨诸塞州的乔治斯·帕克及塞勒姆公司(后来的帕克兄弟公司)发布过一条"桌球"游戏的广告，他们在广告中这么说道："此游戏和草地网球的安排类似，比赛及其计分的规则都是一样的。"遗憾的是，没有更多的证据证明关于此游戏的出现。英国历史学家格尼(Gurney)与美国历史学家霍伊都不确认乒乓球运动是否源于美国。格尼说，在1886年(或可能更早)英国的体育用品埃尔斯有限公司正在销售一种采用微型的球拍进行游戏的一种草地网球，艾尔斯公司的条目上特别注明这个游戏不是在桌子上进行的，而是在铺着厚厚的绿色毡面的地上进行的。

格尼在《Table Tennis：The Early Years》(1989年)封面上指出，最早的乒乓球器材是由英国的杰奎斯及其儿子的公司制造的，在1898年，杰奎斯已经注册了一项用印度橡胶做球的室内游戏，称之为"高西玛"。1898年杰奎斯把这项游戏登记为"乒乓球""高西玛"。蒂姆-博甘，前美国乒乓球队队员和前美国乒乓球协会主席，亲历了中美"乒乓外交"的历史学专家，他通过大量资料的分析，认为乒乓球起源地的争论是基于商业利益竞争的关系：一些体育用品公司大力推动乒乓球在美国的发展，所以认为其起源于美国，以便更好地销售它们的产品。

尽管对于乒乓球的发源地众说纷纭，但公认的最早记载乒乓球的文字形式的国家是英国，当时记载乒乓球运动源于19世纪80年代的英格兰，一开始是作为上层社会晚餐后一项客厅游戏活动。和许多其他运动项目一样，乒乓球一开始并没有引起社会的关注。随着起源于中世纪的古老网球游戏的草地网球和羽毛球的兴起，大约在19世纪中后期，乒乓球运动开始在英国流行。在那之后，出现了其名称和各种商业命名，例如“Gossima”“Whiff-Whaff”。在“乒乓”这个名称被Jaques & Son公司注册后，乒乓球的热度大增，从而进入了更多人的视野。

第二节 世界乒乓球运动发展概况

乒乓球的世界比赛历史比足球世界杯或者排球世界杯还要悠久。首届世界杯足球赛举办于1930年，首届排球世界锦标赛举办于1940年。而世界乒乓球锦标赛早在1926年就开始举办了。1926年12月，在国际乒联正式成立的同时，第1届世界乒乓球锦标赛在英国伦敦举行。匈牙利队获得了当时所设的男子团体、男子单打、男子双打、女子单打和混合双打5个项目的全部冠军。而在两年后1928年举行的第2届世乒赛增设了女子双打比赛，1933年举行的第8届世乒赛又增设了女子团体比赛。1928年至1939年、1947年至1957年，世乒赛每年举行一次。从1959年的第25届开始改为每两年举行一次。从第47届(2003/2004年)世乒赛以后，正式改为单数年进行单项比赛，双数年进行团体比赛，但合并计算为一届比赛。

从第1届世乒赛到1951年的第18届世乒赛，欧洲运动员占有绝对优势，获得了绝大多数冠军。加上后来夺得的冠军，匈牙利队获得的冠军总数为73个，其中有9个是与其他国家的选手合作夺得的。从1959年容国团为中国夺得第一个世界冠军到第51届(2011年单项)世乒赛结束，中国共获得122.5个世乒赛冠军，已大大超过第二名匈牙利队的68.5个和第三名日本队的47个。迄今为止，世乒赛已经举办了57届，其中第55届世乒赛原计划于2020年在韩国釜山举办，但是受当地新冠疫情的影响，最终赛事被取消。

世界乒乓球运动经历了几个重大的发展阶段。

一、第一阶段(1926—1951年)：欧洲乒乓球运动的鼎盛时期

美国和欧洲在乒乓球发展的初期阶段可以说是垄断了国际乒乓球的比赛赛场。在1926年至1951年，一共举行了18届比赛，除了第13届在非洲埃及举办外，其余均是在欧洲举办。在7个正式比赛的项目中，先后产生了117个冠军，除了美国选手取得8个之外，其余的冠军均由欧洲选手获得，占比高达惊人的93.16%。其中，匈牙利队获得58.5项冠军，捷克获得25.5项，英国获得10项。直至日本队的出现，才打破了这种不平衡的发展。

欧洲运动员创造的削球打法成为当时乒乓球运动发展的重要技术创新。根据削球运动员所取得的成绩来判定，这个阶段可以说是削球打法的主导时期。产生的35个男、女单打金牌中，男子单打的12枚金牌和女单的17枚金牌均是削球运动员获得的，占单打金牌总和的83%。在这一阶段，削球打法成为优势打法。当时的网高、台窄、球软，十分有利于削球。削球技术制造下旋的能力很强，同时技术稳定性也很高。1936年第10届世界乒乓球锦标赛男团决赛时，罗马尼亚和奥地利参赛的三名选手均为削球打法。由于水平接近，比赛连续进行了三天，耗时31小时，最终奥地利以5：4取胜。在男单半决赛中，两个削球手更是在一分的争夺中耗时2.3个小时。有意思的是，第11届世界乒乓球锦标赛女子单打项目没有冠军。其原因是长时间未分胜负，大会决定以抽签决定冠亚军，但双方都不同意。

为了避免上述情况，自第11届世乒赛之后，国际乒联就对比赛的规则进行了修改：加宽乒乓球台至152.5厘米，将球网降低至15.25厘米，比赛用球改为硬球，同时限制比赛的时间。在三局两胜的比赛中，比赛的时间不能超过1小时；五局三胜的比赛中，比赛时间不能超过1小时45分钟。如果没能在规定的时间内结束比赛，那么谁比分领先谁就是胜者。这些改革为攻球打法创造了有利的条件，不仅促使了攻削结合打法的出现，同时还出现了一些主打进攻的选手。但是，就这一时期总体而言，攻球技术还不够成熟，还不能突破削球的坚固防线。

因此，在第一阶段的20多年，横拍削球和削攻结合的打法是乒乓球运动的主流打法，可谓是控球时代。

二、第二阶段(1952—1959年)：日本队震动世界乒坛

日本乒协早于1928年加入国际乒联，但直到1952年才首次参加世乒赛。1952年，手握海绵球拍、采用直拍全攻型打法的日本队，虽然只有3男2女参赛，却一鸣惊人地夺得了女团、男单、男双和女双4项冠军。在这之后的7届世乒赛，日本队获得了共计24项冠军。特别是1954年第21届世乒赛，日本队获男女团体冠军；1959年第25届世乒赛，巅峰时期的日本队夺走了7项冠军中的6项。从此，世界乒坛的优势开始由欧洲的削球转到了亚洲的攻球；进攻和防守成为当时乒乓球运动的主要矛盾。

此阶段是中远台单面长抽技术占主导的时期。这一技术的主要特点：一是进攻力量比较大；二是技术的主动性比较强。中远台单面长抽技术是日本队在乒乓球技术发展史上的重要贡献。中远台单面长抽技术主导时期的判定依据，同样是该种打法在那一时期的比赛成绩。造成这一客观事实的，除了日本运动员的勤奋

努力外，中远台单面长抽打法的竞技优势也获得了来自器材变革方面的有力支持。日本长抽进攻式的打法跟海绵拍息息相关。之前常用的胶皮拍的击球力量及进攻威胁不足以攻破稳健的削球，而海绵拍却足以打败固若金汤的削球。在1952年第19届世界乒乓球锦标赛中，日本男单运动员使用一块8毫米的软海绵，这块海绵充分发挥出球拍力量大、速度快的特点。结合中远台长抽打法，日本选手一举夺得冠军。日本队在当时使用海绵球拍取得了出色的成绩，颠覆了欧洲运动员削球打法的统治地位，因此，一些欧洲乒乓球人士则呼吁禁止使用海绵球拍，但同时一些支持的声音也是此起彼伏。当时的国际乒联主席蒙塔古充分肯定了海绵球拍为乒乓球运动发展做出的积极作用，这也巩固了长抽打法长期存在的意义。

日本队获得成功的原因可以说有三个：(1)勇于创新，使用海绵球拍和进攻的打法；(2)基本功扎实；(3)不惧落后，顽强奋战，气势很强。

这段时间，运动员进攻速度、反应和移动相比以前更快，可谓进入了速度时代。

三、第三阶段(1959—1969年)：中国队崛起，朝鲜队崭露头角

1959年，中国选手容国团在第25届世乒赛上，为中国队夺得了第一个世界冠军。1961—1969年，共举行了5届世乒赛，中国队仅参加了第26届、第27届和第28届的比赛，一共夺得冠军11个，占比52%。在这一时期，中国的近台快攻打法在世界乒坛崭露头角。

此阶段是近台快攻技术占主导的时期。这一技术的主要特点：一是速度比较快；二是技术的主动性比较强。近台快攻技术对于速度的认识，一直影响着乒乓球技术发展的方向。由于欧洲乒坛的极力反对，1959年海绵球拍被禁用，反胶海绵拍的厚度也被限制在4毫米内。日本乒乓球走向“旋转时代”，反胶拍选手开始拉上旋球和弧圈球。以木村兴治为代表的部分选手则是远台拉弧圈。受日本队影响，欧洲人改为拉弧圈球，而此时中国的近台快攻技术已经成熟。在这一时期，中国队靠近台快攻屡次取得世界冠军，取代日本称雄于世界。这一时期的中国还培养了新型的削球手，有的使用对付弧圈球的长胶粒胶皮，有的用两面不同性能的胶皮，如男子张燮林和女子林慧卿。

我国于1952年加入国际乒联，通过几届世界锦标赛的磨炼及总结，逐渐形成了自己“快、准、狠、变”的技术风格。国际比赛中取得的优秀成绩显示出我国近台快攻的打法技术优势。我国这种新技术的成功是在海绵球拍的基础上发展起来的。中国选手战胜了日本的中远台长抽打法，又通过了欧洲削球关，并结合自身技术水平及特点，逐渐形成了这种站位近台、以左推右攻打法为主的近台快攻的技术风格。这种新打法充分发挥了海绵球拍速度快、力量足的特点，同时又

很好地解决了反手位的不足。1959 年，国际乒联对球拍构成材料、种类、海绵和颗粒胶皮的厚度等进行了明确规定，结束了近 6 年的争论。

中国选手没有参加第 29 届、第 30 届世乒赛，冠军多数被日本选手夺走，苏联选手获得第 30 届女子团体和女双冠军，朝鲜男女队也跃入前列。这表明亚洲水平仍占优势，欧洲的水平开始回升。

四、第四阶段(1971—1979 年)：欧洲队复兴，中国队重振旗鼓

在 20 世纪 50 年代、60 年代，欧洲选手在相继败于日本的长抽打法和中国的近台快攻之后，经过反复摸索与实践，闯出了一条新路。他们结合中国快攻和日本弧圈球打法的优势，创造出了弧圈结合快攻的新打法，显示出技术和打法上的优势。这一阶段是弧圈球技术兴起和近台快攻技术打法继续保持优势的时期，其主要特点是旋转比较强及技术的主动性和稳定性比较高。在第 31 届世乒赛上，瑞典 19 岁小将本格森接连战胜中国和日本选手，一举夺得男单冠军；第 32 届世乒赛，瑞典男队夺走了由亚洲保持 20 年之久的团体冠军；第 33 届男单决赛，也是两名欧洲选手在争夺冠军；在第 35 届世乒赛上，匈牙利队在失去此项冠军达 27 个年头之后，重新从中国男队手中夺回了冠军。南斯拉夫男队在经过 25 年之后夺得男双项目的冠军。

但是不得不承认，欧洲乒乓球运动的复兴也促进了中国、日本、朝鲜及世界各国乒乓球运动的发展。中国在保持原有技术特点的基础上，又有了新的突破和进步，在继承的前提下针对弧圈球的技术特点创造出了所谓的新近台快攻打法。开始形成直拍用反胶海绵球拍打近台快攻的技术打法，这种新打法也取得了很好的成绩。在 20 世纪 70 年代的 5 届世乒赛中，中国队一共获得全部 35 项冠军中的 16.5 项，匈牙利队和日本队各获得 4 项，瑞典队获得了 3 项，朝鲜队获得了 2.5 项。

这一阶段是变化和攻守全能的时代。两面不同性能球拍的出现对大幅度前后移动的选手起到了巨大的牵制和限制作用。一些选手和教练组发现，只用发力扣杀有时并不能得分，力轻的球有时也具有很大威力。弧圈结合快攻打法的成功，不仅让众多欧洲选手重新夺回了乒乓球项目的世界冠军，同时纠正了人们在 20 世纪 60 年代将速度与旋转绝对对立的偏见，人们开始将速度与旋转相结合。

五、第五阶段(1980 年至今)：“中国抗衡世界”

1981 年第 36 届世乒赛，中国队囊括了 7 项冠军和 5 个单项的亚军，创下了世界乒乓球历史的新纪录。在此后的 3 届世乒赛中，中国队连续 3 次取得 6 项冠军，“中国打世界”的局面开始形成。

1988 年，乒乓球被列入奥林匹克运动会正式比赛项目，中国队夺得四项比

赛中的男双和女单两枚金牌。但在男单比赛中，三位选手均无缘四强。这一举动极大地推动了世界乒乓球运动的进一步发展。世界上的乒乓球强国更加重视乒乓球运动的普及和提高。欧洲职业化进程相对较快，广泛举办赛事。在第 41 届世界乒乓球锦标赛中，欧洲男队包揽了团体前五名，以瑞典为首的男队已经领先于中国和亚洲各国。20 世纪 80 年代末至 90 年代中期，中国男队走入困境，女队遭遇困扰。标志着乒乓球技术最高水平的男团、男单冠军，连续 3 届为欧洲选手所获；第 41 届世乒赛，中国女队痛失团体冠军，第 42 届女单比赛只有高军一人进入半决赛，这是中国女队 14 年来第一次在单打比赛中未能进入决赛。第 43 届世乒赛，中国队第二次包揽 7 项冠军。第 44 届世乒赛，中国队又获 6 项冠军。第 45 届世乒赛，中国队包揽 5 个单项比赛的冠亚军和女团冠军，仅在男团项目中惜败于瑞典队。2001 年第 46 届世乒赛，中国队第三次实现大包揽。第 26 届、第 27 届奥运会上，中国队又连续两次实现大满贯。2003 年的第 47 届世乒赛单项赛中，中国队又获 4 项冠军。这些荣誉标志着中国乒乓球水平重新登上世界乒坛高峰，中国队已成为世界各队的众矢之的。“中国打世界”“世界打中国”的形势还在发展中。

在此期间，乒乓球比赛的规则也发生了较大的变动，这些变动对乒乓球技术打法的发展同样产生了重大影响。1992 年至 1993 年规则规定：球拍表面的两面颜色必须一面为鲜红色，另一面为黑色。这一规定限制了使用两面不同性能球拍进行倒板的打法。但是与此同时，这也为弧圈球打法在发展道路上消除了障碍。1998 年，国际乒联通过了“把球拍覆盖物正胶的几何图形中关于正胶胶粒的粒高和胶粒顶直径之比从 1∶3 改为 1∶1.1”的提案；2000 年，国际乒联规定比赛用球由原来的小球（直径 38 毫米，2.5 克）改变为大球（直径 40 毫米，2.7 克）；2001 年 9 月，乒乓球比赛由 21 分制改为 11 分制；2002 年 9 月，乒乓球比赛执行发球无遮挡的规定。这些规则的改变说明乒乓球比赛具备了进入状态快、发球接发球转换快、比分变化快、比赛节奏快的特点。

在奥运会赛场上，中国乒乓球队也是傲视群雄，无人能敌。时至今日，中国乒乓球队也是一直站在世界的巅峰，成为世界各国难以跨越的大山，无人能够撼动中国队的霸主地位。

第三节　中国乒乓球历史中的重要人物

纵观中国乒乓球运动漫长的发展历程，涌现出了一批又一批杰出的运动员，他们对我国乒乓球技术的进步和国乒队地位的巩固起到了十分重要的促进作用。

可以说，如果没有这些人的努力与拼搏，那么中国乒乓球很难达到现在的高度，很难立足于世界乒乓球之巅。

一、容国团

容国团的一生虽然短暂，但他用自己的生命在我国的乒乓球历史上留下了不可磨灭的印记，实在让人难以忘怀。他是新中国体育界第一位世界冠军，这个冠军极大地鼓舞了中国人民的士气。更让中国人骄傲的是，他不仅个人取得了世界冠军，后来他在担任国家女子乒乓球队教练时，一举扭转了女队在多场比赛中失利的局面，让中国女子乒乓球队同样夺得了世界冠军。

容国团，1937 年出生在香港一个贫困家庭，祖籍广东珠海。7 岁时，一个白色的乒乓球吸引了他的注意力，从此他便与之为伴。他的父亲是一名普通的渔民（后成为海员）。在父亲失业后，13 岁的容国团被迫退学当起了童工。由于工作环境恶劣、劳动压力大，小小年纪的容国团患上了肺病。由于当时容国团的家庭条件不是很好，15 岁时他就辍学打工了。让人没想到的是，小小的容国团在打球上有着超乎寻常的天分，等到中学时，他的球技在当地已经出了名。

1957 年 2 月，在全港乒乓球锦标赛中，容国团代表工联会一举夺得男子团体、单打、双打 3 项冠军，从此声名鹊起。同年 4 月，日本乒乓球队访港，容国团竟以连胜 2 局的好成绩打败了世界冠军狄村。这个消息一夜之间传遍了香港，妇孺皆知，容国团成了新闻人物。1957 年 9 月，容国团代表港澳乒乓球联队到北京与中国国家队打表演赛。那天，贺龙元帅也到了现场观赛。赛后，贺龙元帅建议容国团加入中国国家男子乒乓球队，为国效力。当年 11 月，容国团进入广州体育学院学习。1958 年 5 月，容国团加入国家乒乓球队，为代表中国出征第 25 届世界乒乓球锦标赛做准备。1959 年 4 月，在第 25 届世界乒乓球锦标赛中，22 岁的容国团经过四个回合的苦战，最终以 3：1 的比分打败了匈牙利老将西多。中国乒乓球第一个世界冠军由此诞生，同时，这也是新中国体育的第一个世界冠军。容国团赢得新中国第一个世界冠军的消息，如一声响亮的春雷，惊动了全球。《日内瓦日报》评论："中国运动员在世界上以优秀选手的姿态出现，这件事看来比容国团个人的胜利更加重要。"第二天，《人民日报》发表社论说，容国团赢得的这枚金牌结束了中国体育没有世界冠军的历史。回国后，容国团受到了"民族英雄"般的礼遇——时任国务院副总理贺龙亲自到机场迎接。周恩来总理甚至将此次夺冠与十年国庆并称，可见容国团夺冠的非凡意义与巨大影响。每逢外宾来访，容国团便成为国宴的常客。1961 年，第 26 届世界乒乓球锦标赛在北京举行，以容国团为主力的中国队 5：3 击败日本队，首获男团世界冠军。1964 年底，在女队连败于日本队的"危亡之际"，容国团临危受命，毅然决然出任国家女队教练。1965 年，容国团加入中国共产党。1965 年 4 月，在南斯拉夫举行的第 28 届世乒赛中，容国团率领和指挥梁丽珍、李赫男、林慧卿、郑敏之，获得了多项冠军，再次轰动世界乒坛。从那之后，中国女乒开始统治乒乓赛场。

二、刘国梁

刘国梁，1976 年出生于河南省新乡市封丘县，是中国十分出名的乒乓球运动员，拿过数不清的世界冠军和奥运冠军，曾经担任过国乒队的总教练，现任国际乒联第一副主席、中国乒乓球协会主席、WTT 世界乒联董事会主席、第十四届全国政协委员、教科卫体委员会委员等职务。刘国梁有一个哥哥叫刘国栋。因为父亲刘占胜非常喜欢乒乓球，同时他又是一位乒乓球教练，因此刘国梁和哥哥刘国栋两人在很小的时候就跟着父亲刘占胜一起训练乒乓球。这对兄弟在乒乓球运动上展现出了极高的天赋。兄弟俩在打球时都觉得自己更厉害，因此经常互相比拼学球，一个比一个刻苦。父亲刘占胜认为这样的竞争对两个小家伙的球技是有正面促进作用的，因此也很是开心。刘国栋于 12 岁进入河南省乒乓球队，那时的刘国梁只有 10 岁，但同时也被八一队看中。此后，刘国梁的进步飞快，1989 年入选国青队，1991 年入选国家队。刘国梁的打法是直拍正胶快攻打法，但当时直拍选手面对横拍选手是占据下风的。但是刘国梁在前人研究的基础上，创造出了一套适合自己的直板横打的技术。运动员时代的刘国梁多次获得男子单打世界冠军，并与队友合作获得男子双打世界冠军、混合双打世界冠军。作为主力队员，刘国梁多次与队友一起获得男子团体世界冠军，是首位在正式比赛中采用直拍横打技术并获得成功的乒乓球运动员，也是中国男子乒乓球历史上第一位集奥运会、世锦赛、世界杯单打冠军于一身的“大满贯”得主。蔡振华在 2002 年升任国家体育总局乒羽中心副主任兼国家乒乓球总教练。同年，26 岁的刘国梁选择了退役，并且在蔡振华的授意下进入男队担任教练。第二年，刘国梁担任了男队的主教练。在他的带领下，涌现了一大批杰出的乒乓球运动员。张继科、马龙、马琳、邱贻可、许昕等都是他的学生。他不但将自己丰富的乒坛经验与技巧传授给学生，还带领他们大“杀”四方。“死亡之队”“龙虎之师”的名号不胫而走。其他国家的优秀个人选手与团队，只要碰上中国队，就只能转而去争抢第二名的银牌。在刘国梁的执教期间，国乒男队包揽了 2008 年至 2016 年的奥运会男子团体和单打冠军，获得 8 次世乒赛男子团体冠军和 6 次世界杯男子团体冠军。一场比赛下来，三面中国国旗冉冉升起的景象似乎成了常态。从一名普通的乒乓球运动员，到打遍天下的大满贯冠军，再到打造虎龙之师的主教练，刘国梁通过自己不懈的努力和付出，缔造了这一伟大的传奇。

三、孔令辉

孔令辉，1975 年出生于黑龙江省哈尔滨市，中国乒乓球队队员，曾担任中国女子乒乓球队主教练。孔令辉玉树临风，长相帅气，有“乒乓王子”之称。孔令辉是我国第一个横拍世乒赛男子单打冠军，他开创了“中国式快弧”的新打法，是中国乒乓球历史上里程碑式的人物。孔令辉右手横握球拍，打法是弧圈结合快攻。他的技战术十分全面，正手抽杀稳健，连续性好，相持能力强，运动生涯共夺得 11 个世界冠军。孔令辉参加过 1996 年亚特兰大、2000 年悉尼、2004 年雅典 3 届奥运会，共斩获两金一银。他是中国乒乓球队历史上最著名的选手之一，也是乒乓球史上最成功的运动员之一。

孔令辉的父亲孔祥智是黑龙江省队的乒乓球运动员，母亲谷淑霞是一位教师。由于受到家庭环境的影响和熏陶，孔令辉从小便接触并喜欢上了乒乓球。于是在 5 岁时，孔令辉就跟随父亲正式开始学习打乒乓球。为了从小培养孔令辉敢拼敢打、不怕失误的心理素质，孔祥智还打破少年队员训练的常规，让他和大孩子一起训练、打比赛，然后总结得失。1989 年，14 岁的孔令辉就取得了全国少年乒乓球赛、亚洲少年乒乓球赛男子单打冠军的好成绩。1991 年，16 岁的孔令辉进入国家乒乓球队。同年，孔令辉以全国冠军的身份出现在国家队大名单中。从此，他开始在世界舞台上展现自己的实力。孔令辉是一位勇敢、坚毅的乒乓球选手，每次比赛他都充满着激情和竞争力，即使处于下风也不急不躁、稳扎稳打。与此同时，孔令辉还长期关注乒乓球运动发展的推广。他走遍全国各地与年轻的球手交流切磋，推动全国范围内乒乓球技术的进步。

除了在比赛中获得的成就外，孔令辉还曾多次担任国家队教练，带领中国队取得了许多辉煌耀眼的成绩。2006 年，孔令辉转型成为教练员，后来担任了国乒女队的教练。他在执教期间带领国乒女队在许多世界级比赛中拿下金牌，像郭悦、刘诗文等女子乒乓名将都是他的学生。孔令辉通过自己不懈的努力与奋斗，在中国乃至世界乒乓球历史上留下了浓墨重彩的一笔，成为乒乓球界的传奇人物。他的故事不仅仅是中国乒乓球界的经典，也为当代中国乃至世界上更多的年轻人树立了榜样。

四、邓亚萍

邓亚萍，原中国女子乒乓球队运动员、奥运冠军、乒乓球大满贯得主，现任国家乒乓球队顾问，同时还是河南邓亚萍体育产业投资基金创始人。

邓亚萍于 1973 年 2 月 6 日生于河南省郑州市，祖籍湖南省邵阳市新宁县。邓亚萍算是出生于一个体育世家。她的父亲邓大松从 1950 年开始接触乒乓球，那时省里还没有专业队的概念。他是一边工作一边打球，后来靠着优秀的技术进入了河南省乒乓球队，并且代表河南队参加了中南五省乒乓球赛且拿了男子单打冠军。按邓大松这个成绩来算，他应该相当于当时国家队队员的实力。在邓大松结婚之后，他的重心渐渐放在家庭上，于是选择退役转型成为一名教练。也正是因为受到父亲的影响，邓亚萍两岁时就开始接触乒乓球。邓亚萍 5 岁时，就开始正式系统地开始了乒乓球的学习与训练。那时的邓亚萍由于身材比较矮，站在球台前只能露出一个脑袋。父亲为此找了一块木板垫在了小邓亚萍的脚下。就这样，“乒乓女皇”邓亚萍的乒乓生涯在垫着的木板上开始了。父亲对邓亚萍的要求没有因为父女关系而松懈，父亲规定她每天在练完体能课后加做 100 个发球的技术动作。邓亚萍还把木拍换成了铁拍，以此来巩固自己的动作，完善自己的基本功。1982 年，9 岁的邓亚萍在全国业余体校分区赛中获得了单打冠军。在此之后，邓亚萍结束了学业，一心打球。随着时间的流逝，小邓亚萍在乒乓球上表现出了异于常人的天赋、悟性，父亲邓大松于是产生了送女儿去体校学球的想法。虽然取得了如此优异的成绩，但河南省队却因身材太矮把邓亚萍拒之门外。倔强的邓亚萍不死心，父亲告诉她身高不行就得从其他地方找补，脚步必须灵活快速。弥补身材不高的有效办法是步伐更快、进攻更加凶狠、防守更加顽强。在经历过这一坎之后，邓亚萍努力训练，把自己的短板变成优势。她像被埋进土里的金子，默默等待，不急着炫耀自己的光芒。1986 年初，邓亚萍被借调到了河南省队。这次借调，成为邓亚萍的乒乓生涯的重要转折。宝剑锋从磨砺出，梅花香自苦寒来。在之后的时间里，邓亚萍在全国锦标赛上屡次取得冠军，引起了国家队教练员们的注意。虽然许多教练还是认为她的身高在很大程度上会影响其发展前途，可是女队主教练张燮林力排众议，在他的一再坚持下，几经波折的小邓亚萍终于加入了国家队。

1988 年 11 月，就在邓亚萍加入国家队的第一年，她就击败了前奥运冠军，拿下了亚运会女单金牌。1989 年，16 岁的邓亚萍首次参加世乒赛就夺得女双冠军的成绩。1992 年巴塞罗那奥运会，邓亚萍作为中国女队的绝对主力，夺得单、双打两枚金牌。1996 年亚特兰大奥运会，邓亚萍复刻了四年前的奇迹，成为中国奥运历史上第一个夺得四枚奥运金牌的运动员。1998 年 9 月，25 岁的邓亚萍宣布退役。邓亚萍在短短 14 年的运动生涯中，共拿到了 18 个世界冠军。她在乒坛排名连续 8 年保持世界第一，是乒乓球史上排名“世界第一”时间最长的女运动员。

退役后的邓亚萍在萨马兰奇的推荐下加入了国际奥运会运动员委员会，当时她连英文字母都说不准确，面对全程英文交流的工作环境，完全没有办法应对。因此，她决定重回校园继续读书。于是，邓亚萍进入清华大学读书，努力学习英文。她给自己制定了如下目标：从课本第一页学起；从第一个字母、第一个单词背起；每天必须保证 14 个小时的学习时间；每天早晨 5 点起床，背单词、背音标、整理笔记，晚上两点才睡觉。最终，邓亚萍用自己的努力和毅力拿下了清华大学的本科学位。之后，她又取得了英国诺丁汉大学的硕士学位。接着，邓亚萍又在英国剑桥大学取得博士学位，成为剑桥建校 800 年以来唯一一个拥有世界冠军头衔的博士。邓亚萍曾说过："必须做好，我没有理由做不好！"她顽强的毅力与强大的自信是她成功的重要资本，也是我们应该学习的优秀品质。

五、张怡宁

张怡宁可谓是世界乒乓球界的"大魔王"。作为当时的国乒一姐，她共获得了两届奥运会、两届世锦赛冠军，可以说她拿到了一名乒乓球运动员可以拿到的一切荣誉。

张怡宁于 1981 年 10 月 5 日出生在北京的一个小胡同里，她的父母都是普通百姓——父亲在工厂上班，母亲在职工医院做药品管理员。父母曾经都是下乡的知青，回来之后一家人挤在不足 12 平方米的小房子里。艰难的家庭环境让张怡宁从小就养成了吃苦耐劳的性格。张怡宁的父亲深知没有技能和特长很难在社会上立足，因此在张怡宁很小的时候，他就决定培养女儿的一技之长。母亲王凤英给她报了很多兴趣培训班，例如舞蹈、武术、游泳等，但活泼好动的小张怡宁对这些兴趣班均没有产生足够的兴趣，因此并没有坚持下去。偶然的一天，张怡宁的舅舅带她去了东单业余体校打乒乓球，那个在桌子上蹦来蹦去的白色的小球瞬间就吸引住了张怡宁的注意力。自此，张怡宁爱上了乒乓球。舅舅为了不耽误小张怡宁的天赋，便把她送到了东城区业余体校学球。张怡宁在进入体校后，展现出了惊人的运动天赋和潜力。在体校教练的专业指导下，张怡宁打下了扎实的基本功。天赋加努力，让她很快在球队里没有了对手。9 岁时，张怡宁代表东城区比赛，打到决赛，战况焦灼。张怡宁没顶住压力，在赛场上直接哭了出来，把对手搞得一头雾水，像是不会打球了。这次，张怡宁拿到了人生的第一个乒乓球冠军。教练还开玩笑说："第一个冠军是哭回来的。"

张怡宁 10 岁进入了北京队，同年龄段的队友都不是她的对手，即使是年龄比她大两三岁的，也都是小张怡宁的手下败将。两年后，张怡宁加入了国家队。1994 年底，张怡宁被调进了北京市体工大队作为职业运动员培养。也是在这里，张怡宁遇到了她运动员生涯中最关键的人物李隼教练。1997 年，中国第八届运动会团体赛中，首次参加大型综合性运动会的张怡宁先后击败乔红、李菊、杨影等世界级名将，可谓一战成名。2000 年，张怡宁在第 45 届世界乒乓球锦标赛上获得女团冠军与女单亚军。2001 年，张怡宁获得第 46 届世乒赛女团冠军；同年，张怡宁还拿下乒乓球世界杯女单冠军和九运会女团冠军。2004 年，张怡宁在雅典奥运会上与王楠合作获得女子双打冠军，并夺得女单冠军。2005 年，张怡宁夺得第 48 届世乒赛女单冠军，实现了个人世锦赛、奥运会和世界杯的大满贯。2006 年，德国世乒赛，张怡宁率领中国队第 16 次捧起考比伦杯。当年年底，张怡宁世界排名第一。2008 年，北京奥运会上，张怡宁与郭跃、王楠共同夺得女子团体冠军，随后在女单决赛中击败王楠成功卫冕。

自 2001 年在世界杯首夺三大赛女单冠军以来，张怡宁共赢得了 5 届世界杯和两届世锦赛的女单冠军以及分量最重的两枚奥运会女单金牌。与王楠搭档赢得了一枚奥运会女双金牌、3 届世锦赛女双金牌，在 2008 年北京奥运会赢得了首枚乒乓球女团金牌。张怡宁在三大赛中一同获得了 19 个世界冠军，超越了邓亚萍。对张怡宁来说，她的运动员生涯堪称完美。2011 年 3 月 31 日，张怡宁正式宣布退役，她的退出，也宣告了一个“大魔王占领乒坛”的时代结束。退役后的张怡宁很少在媒体前露面，但她仍然关注中国的乒乓球事业，为中国乒乓球的发展贡献着自己的力量。

第四节　国内外乒乓球运动重要赛事

一、国际赛事

1. 奥运会

夏季奥林匹克运动会(Summer Olympic Games)简称夏季奥运会或夏奥会，是世界规模最大的综合性运动会，由国际奥林匹克委员会的成员国轮流主办，每四年举办一届。参与国主要分布在世界各地，包括欧洲(英国、法国、意大利等国)，非洲(肯尼亚、南非、埃塞俄比亚等国)、美洲(美国、古巴、加拿大等国)、亚洲(中国、日本、韩国等国)、大洋洲(澳大利亚、新西兰、斐济等国)。自 1896 年开始第 1 届，截至 2021 年共举办了 32 届。夏季奥运会沿袭古奥运会旧制，不管运动会举办与否，届次照算。截至 2022 年 6 月，已有 23 个国家、41 个城市举办过夏奥会与冬奥会。奥运会乒乓球比赛，即奥运会上乒乓球项目的比赛。它与世界乒乓球锦标赛、乒乓球世界杯合称三大乒乓球体育赛事。从 1988 年汉城奥运会起，乒乓球成为夏季奥运会的正式比赛项目。奥运会乒乓球比赛项目包括男单、女单、男团、女团、混双。其中，混双项目是 2020 年东京奥运会乒乓球大项中新增的项目。奥运会的乒乓球项目，采用的是国际乒联最新的竞赛规则。中国乒乓球队在历届奥运会乒乓球项目中取得的冠军数不胜数，自从1988年奥运会以来，除了2004年的男子单打金牌、2021年东京奥运会男女混双金牌之外，所有的金牌都是中国拿走的。

2. 世锦赛

世界乒乓球锦标赛(World Table Tennis Championships)简称世乒赛。世乒赛是国际乒乓球联合会主办的一项历史最悠久且水准最高的世界乒乓球大赛，象征着乒乓球运动的最高荣誉。第一届世界乒乓球锦标赛在英国伦敦举行。实力雄厚的匈牙利队获得了当时所设的男子团体、男子单打、男子双打、女子单打和混合双打5个全部冠军。每届比赛由国际乒乓球联合会授权比赛地乒乓球协会主办，具有广泛的影响力。世乒赛分为男单、女单、男双、女双、混双以及男子团体、女子团体共七项赛事。首届世乒赛于1926年12月在英国伦敦举行，从1959年的第25届开始改为每两年举办一次。国际乒联的最高权力机构为全体代表大会。全体代表大会每两年召开一次，并于同时同地举办世界乒乓球锦标赛。至2017年，国际乒联已从成立时的9个会员协会发展到226个。未经国际乒联允许，任何乒乓球比赛不能用“世界”称号。中国选手在世乒赛中取得的冠军也是非常多的，从1959年容国团夺得首冠到第51届(2011年单项)世乒赛结束，中国共获得122.5个世乒赛冠军，已经大大超过第二名匈牙利队的68.5个和第三名日本队的47个。

3. 世界杯

乒乓球世界杯同样为世界乒乓球三大赛事之一。首届女乒世界杯于1996年在中国香港举行。除1999年因赞助商问题停办，该项顶级赛事保持一年一度的举办传统。世界杯与其他两大赛事的区别：世乒赛分为男女单打、男女双打和混双以及男女团体共七项赛事；奥运会分为混双、男女单打及男女团体共四项赛事；世界杯分为男女单打及男女团体共四项赛事(分开举办)。然而因为赛事形式单一、市场营销困难、竞争压力大等问题，世界杯赛事于2020年被取消了。从那之后，世界杯和国际乒联巡回赛总决赛合并成为一个新的比赛。自从2020年举办了最后一届乒乓球世界杯后，国际乒联进行新的赛制改革，因此，乒乓球世界杯已经确定取消了。随着乒乓球世界杯的取消，我们常说的乒乓球大满贯就要重新定义了。在现役冲击大满贯的国乒选手中，只有樊振东和陈梦还能继续冲击大满贯，两位此前都获得过乒乓球世界杯，甚至樊振东还获得过四次世界杯男单冠军。取消乒乓球世界杯是国际乒联改革的第一步：乒乓球世界杯改名为WTT世界杯总决赛，合并原世界杯与乒联总决赛，邀请单打排名前16的选手参赛，取消了双打比赛，奖金更是高达历史最高。得益于此改革，原本被誉为含金量最弱的世界杯，含金量得到提升。

二、国内赛事

1. 全运会

全运会的全称是中华人民共和国全国运动会。全运会是中国国内水平最高、规模最大的综合性运动会。全运会的比赛项目除武术外基本与奥运会相同，其原本的意愿是为国家的奥运战略锻炼新人、选拔人才。全运会每四年举办一次，一般在奥运会年前后举行。前九届全运会由北京、上海、广东三地轮流举办。2001年初，国务院办公厅正式发布了《关于取消全国运动会由北京、上海、广东轮流举办限制的函》。天津在 2011 年 8 月 16 日成功取得第十三届全运会的主办权，是中央政府取消北京、上海和广东三地垄断举办权后，继江苏、山东与辽宁后的第 4 个主办全运会的省市。2017 年 9 月 8 日，在天津全运会闭幕式上，陕西省接过全运会会旗，标志着第十四届全国运动会进入陕西时间。2021 年 8 月 26 日，中国政府网消息称，国务院办公厅发布关于同意广东、香港、澳门承办 2025 年第十五届全国运动会的函。由于全运会的重要性极高，全运会乒乓球比赛也成了国内乒乓球比赛中的较高水平。曾有一句玩笑话这么说："在全运会拿乒乓球冠军可不比在奥运会拿简单。"中国可以说是世界乒乓球水平最高的国家，有实力的运动员数不胜数，因此，在中国的高端乒乓球赛事夺冠的难度可想而知。

2. 全锦赛

全锦赛的全称是全国乒乓球锦标赛。全国乒乓球锦标赛由国家体育总局乒羽中心主办，每年一次，是我国历史最悠久、规模最大、竞技水平最高且最具影响力的乒乓球正规传统赛事。全国乒乓球锦标赛素有"小世锦赛"之称。根据 2019 年全国乒乓球锦标赛(决赛)的竞赛规程，全国乒乓球锦标赛共设男子团体、女子团体、男子单打、女子单打、男子双打、女子双打及混合双打七个比赛项目。团体比赛采用东京奥运会团体比赛方式。团体比赛每场比赛均采用五局三胜制，每一局 11 分制。单打比赛实行淘汰制，预选赛采取五局三胜制，每局比赛 11 分制；正赛采取七局四胜制，每局比赛 11 分制。男、女双打比赛的半决赛、决赛采用七局四胜制，其余轮次比赛采用五局三胜制，每局比赛 11 分制。男女混合双打采取七局四胜制，每局比赛 11 分制。在全锦赛中获得男、女单打前 8 名的运动员，将直接入选国家队。在 2022 年全国乒乓球锦标赛中，王艺迪带领辽宁队夺得女团冠军，樊振东率上海队夺得男团冠军。

第二章 乒乓球运动的器材与服装

第一节　场地需求

一、比赛场地

在这里，我们以奥运会的场地要求为例来展开介绍。奥运会的乒乓球比赛在室内体育馆进行，馆内的具体标准为：场地应该可容纳 4 张或 8 张球台(视竞赛方法而定)，至少 8 米宽、16 米长，球场的高度应大于 5 米。比赛区域还应包含比赛球台旁的通道、电子显示屏、运动员和教练员座席、竞赛官员区(例如技术代表、裁判长、仲裁等)、媒体记者区、电视转播摄像区及颁奖区。同时，比赛场地要用长度不超过 1.5 米的挡板围起来，与相邻赛场和观众们隔开(图 2.1)，以保证比赛不受干扰。

图 2.1　乒乓球场地

二、灯光

奥运会是全世界都十分关注的大型体育赛事，所以对实时转播的要求很严格。为了保证电视网络转播影像的清晰，一般要求场地的照明度为 1500～2500 勒克斯，而且所有球台的照明度应该严格相同，赛场区其他地方的照明度不得少于 500 勒克斯。如果需要增加临时光源，该光源从天花板上方照下来的角度应大于 75 度，光源距离地面不得少于 5 米。场地四周一般应为暗色，不应该有明亮的光源，观众席上的照明度应明显低于比赛区域的照明度，要避免从未遮蔽的窗户和缝隙透进来的日光。

三、地面

在奥运会以及其他大型国际赛事中，地面应为木制或经国际乒联批准的某品牌和种类的可移动的塑胶地板。地面不能是砖、陶瓷、水泥和石头所制。地板应具有一定的弹性。地板的颜色不能太浅或反光强烈，可为红色、蓝色或深红色。不能在地面上过量使用油或蜡，以避免打滑对运动员产生人身安全隐患。

四、温度和风速

室内体育馆比赛区域的温度一般为 20~25 摄氏度，或低于室外温度 5 摄氏度。由于乒乓球很轻，较大的气流流动会改变球的运动轨迹，会影响比赛选手的发挥，因此赛场对风速有着一定的要求。风速应该低至人体不能感觉到的程度，应该控制在 0. 2~0. 3 米/秒，同时要注意控制赛场内空调系统的风速。

第二节　球拍和球

一、球拍

乒乓球运动中最离不开的就是乒乓球拍。目前，不管是国家队的专业选手还是业余休闲选手，他们使用的乒乓球拍均是由底板、胶皮和海绵三部分组成。专用的胶水将这三个部分粘合在一起，同时三者的不同搭配可以造就多种乒乓球的技术打法。

从球拍的握法来看，目前主要分为直拍和横拍，直拍也叫作竖拍。整体来看，目前使用横拍的选手要多于使用直拍的选手，这可能和横拍更容易正反手发力有一定的关系。

1. 底板

乒乓球底板从最开始的单块木板到后来的夹层木板，再到后来使用碳素纤维做夹层。可以说，乒乓球底板的结构不断地适应着现代乒乓球的发展而更新。国际乒联竞赛规则对乒乓球底板有着一定的要求：底板的大小、形状和重量不做要求，但是底板应平整坚硬，至少含有 85%的天然木材。我们在选购底板时，不仅要看底板的外形和层数，而且要注意木纹的排列结构；不仅要听底板的声音，还要用手指感觉它的软、硬；不仅要阅读底板上注明的相关指数，还要用不同的力量来颠球，以便感觉它的用力效率及综合性能。一般来说，现在的乒乓球底板厂家在生产底板时都会注明“速度”和“控制”这两个指标。指标常选用1~10(或1~12)等级来划分，一般示数为6时为稍差，7时为一般，8为良，8.5以上就是很不错的了。同时最重要的是，选手要根据自身的战术打法来选择最适合自己的底板。

2. 海绵

对于海绵，要考察的主要是硬度和厚度。乒乓海绵的厚度一般在0.5~2.4毫米，硬度在30度和50度之间。一般海绵越硬越厚，弹性就越大，击球速度就越快，不过缺点则是球拍过于沉重，而且弹性过大不易控制。在20世纪中后期，海绵与胶皮是独立分开的两样产品，运动员需要自行将其粘在一起。到了20世纪90年代左右，市面上出现了所谓的“套胶”，即海绵与胶皮合二为一进行售卖。套胶的型号众多，方便挑选，而且一般销售人员会在售出时提供免费粘贴服务，极大地方便了乒乓球爱好者。

3. 胶皮

球拍表面的胶皮是与乒乓球直接接触的，因此胶皮的类型决定着球拍的性能和技术打法。胶皮有正贴和反贴两种，颗粒往上的是正贴，往下的则为反贴。

常见的胶皮主要分为五类：正胶、反胶、生胶、长胶和防弧圈胶皮。

① 正胶。胶粒向外，也叫作短颗粒胶皮。最大的优点是不怕旋转，特点是弹性好、速度快、击球稳。正胶是直板快攻型运动员最常用的胶皮之一。欧洲选手曾一度喜欢正胶横拍削球打法，后来随着日本人发明了弧圈球，这种打法逐渐退出了历史舞台。刘国梁、庄则栋、江嘉良、高军等都是采用这种胶皮，在小球时代，他们通过暴风骤雨般的快攻打法登上了世界冠军的宝座。正胶打法主要有四种模式：先拉后打，正胶弧圈，以反手摩擦为主；以推攻为主，先正手轻挑上手，然后进入正手连续攻球模式；正胶两面攻球，站立在球台中间位置；以控制为主、冷打为辅。

② 反胶。胶粒朝下且表面光滑的胶皮，是目前最常用的胶皮之一。其主要特点是击球旋转力强、击球稳定、易控制，适合弧圈型或弧圈结合快攻型打法。由于反胶击球稳定且容易控球，因此也是初学者首选的类型。反胶是直、横拍选手最常用的胶皮，几乎所有的欧洲选手均采用此种胶皮，亚洲选手也有近80%的选手使用，因为这种胶皮比较好地兼顾了速度与旋转的要求。在国际知名选手中，绝大部分都使用反胶胶皮。如瓦尔德内尔、王楠、孔令辉、邓亚萍、张怡

宁、马龙、马琳、许昕等，他们使用的都是两面反胶。

③ 生胶。颗粒向上，且颗粒的直径大于高度。其主要特点是击球下沉、搓球旋转弱。生胶具有减转的作用，因此容易控球。生胶胶体颗粒含量比正胶大，颗粒较软，特点是出球速度很快且回球下沉速度快。因生胶的摩擦力小，回过去的球均没有很强的旋转，容易给对手造成误判，不利于对方起板进攻。在比赛中，优秀的生胶选手都能很好地利用出球快的特性，以爆发力弹打拉球，回球速度快且下沉，通常会给对手带来很大的处理压力。世界冠军王涛及著名选手陈静、耿丽娟等都采用反手生胶的打法，日本队的福原爱和伊藤美诚使用的也是生胶。

④ 长胶。颗粒朝上且高度超过 1.5 毫米的胶皮称为长胶。长胶的主要的特点是：主动制造旋转的能力较差，主要依靠对方的旋转或力量来增加回球的旋转度。这样会导致长胶回球下沉而且飘忽不定，时常会出现反常旋转的现象。很多人把长胶认为是怪胶，以前邓亚萍就是长胶打法。但是在比赛中使用长胶会大大降低乒乓球的观赏性和娱乐性。1998 年 5 月，国际乒联在南非德班市召开理事会，以 19 票对 18 票，做出关于禁止使用长胶的决定。

⑤ 防弧圈胶皮。防弧圈胶皮是专门对付弧圈球打法的一种反胶海绵胶皮，这种胶皮拍面无黏性，表面较光滑且轻微发涩，击出的球运行速度慢、弧线短，触台后下沉飘忽，令对手难以按常规判断，对付弧圈球尤为奏效。鉴于上述特点，打防弧胶皮应该坚持以撞击球为主，尽量减少拉球的动作。充分利用它的优势，通过挡、磕、拱、削来改变回球的旋转和节奏，从而让对方自乱阵脚。当年，蔡振华反面贴的就是这种胶皮。

二、乒乓球

大约从 1891 年开始，赛璐珞就是制造乒乓球的材料。赛璐珞是一种硝化纤维材质，其主要成分是纤维素硝酸酯、乙醇、樟脑等，抗张强度高，且耐水、耐油、耐酸。但是由于材质问题，这种材质的球很容易燃烧，同时会在燃烧时释放出大量刺激性有毒气体，对人体的健康有着很大的影响。因此，赛璐珞球在欧洲国家早已经停止生产。从 2014 年 7 月 1 日开始，乒乓球国际赛场上启用了以高分子聚合物为原料的 40+新塑料球，原来的赛璐珞球正式退出历史舞台。

与此同时，新材料的乒乓球根据制作工艺的不同分成了有缝球和无缝球。国际乒联在正式比赛中对有缝无缝没有做出明确的要求。但从近几年来的使用情况来看，专业比赛中更喜欢使用有缝球，业余乒乓球爱好者则更喜欢使用无缝球。无缝球因为它的高弹、耐打特别受到业余爱好者的欢迎。无缝球的使用寿命很久，一个球可以打半年以上，有缝乒乓球是不可能达到这么长的使用期限的。有缝球之所以受到专业选手的喜欢，是因为其与原来的赛璐珞球比较相似，保持了传统乒乓球的运动规律，例如落点、速度、旋转和飞行轨迹等。因此，专业选手们可以很快地适应并接受。

国际乒联将球的级别用星数来表示，目前主要有一星球、二星球、三星球，其中三星级别最高。星级的区分主要是从球的重量、偏心、硬度、圆度这四个指标来区分的，并没有材质上的区别。在乒乓球运动中，通常会根据使用情景的不同选择不同等级的乒乓球。例如，在比赛中往往选用品质更高的三星球，而在多球训练时较多使用普通品质的一星球或者训练用球。红双喜系列是乒乓球的老牌，也是国内乒乓球爱好者们经常选用的品牌。

第三节　球台和球网

一、球台

国际标准的乒乓球台应是长方形的，长 2.74 米，宽 1.525 米，台面可由任何材料(国际规定应有坚实木料)制作，具有一定弹性，上层表面叫作比赛台面，台面距离地面 0.76 米，台面应该为暗色(国际比赛规定应由暗墨绿色纤维素喷漆或涂漆)，无光泽。球台边各有 2 厘米宽的白线，长的称为边线，短的称为端线。球台中间有一条 3 毫米宽的称为中线的白线，中线将台面分为左右两个部分(图 2.2)。

图 2.2　乒乓球台

国际比赛对乒乓球台有一定的要求：球台必须是国际乒联批准的，颜色只可以是蓝色或绿色；从离台 30 厘米的地方不加外力释放乒乓球，球的反弹高度应该在 23~26 厘米；摩擦系数应该小于 0.6；反光度在蒙塞尔(Munsell)色彩系统中不可以超过 15 度。目前，市面上主要有三种类型的乒乓球台：非滚动式球台；滚动式、单折球台；滚动式、整体折叠式球台。

二、球网

球网装置主要包括网、网柱、支架三个部分。球网将乒乓球台面分成形状面积相等的两块区域，球网应该垂直于桌面并且与桌面的端线平行，高度应为 15.25 厘米。国际比赛中对球网也有一定的要求：质地应比较柔软，颜色呈暗绿，网柱表面无光泽。

第四节　专用胶水

乒乓球胶水是乒乓球套胶和底板之间的黏合剂，是不可或缺的材料。不同类型的胶水有着不同的功效。胶水主要分为有机胶水和无机胶水两种。最早使用的胶水是有机胶水，但是有机胶水所含的成分会给使用者带来一定的安全隐患。因此，国际乒联开始大力推广相对无毒的无机胶水。在 2009 年的日本横滨世乒赛上正式使用了无机胶水，从那之后，无机胶水彻底统治了国内和国际比赛。

一、有机胶水

有机胶水的主要成分是橡胶分子和有机溶剂，溶胶挥发之后留下的橡胶分子会发生交联，形成高分子从而起到黏合作用。早期的有机胶水还含有苯和甲苯，在 20 世纪 90 年代之后就渐渐不使用了。有机溶剂的非极性分子可以插入橡胶卷曲的分子链之间以降低橡胶硬度，同时增强弹性，可以提高乒乓球胶皮的性能。有机胶水中常用的溶剂有环己烷、庚烷等。有机胶水能让套胶膨胀，但是气味刺鼻同时具有毒性，短时间吸入无碍，但长时间吸入会有咳嗽、头晕等症状，对身体有害。因此，使用有机胶水时一定要在通风处，避免过多吸入有毒气味对身体造成伤害。

二、无机胶水

无机胶水的主要成分是无机物黏合剂，无毒，可溶于水，是目前专业运动员使用的胶水类型。无机胶水相比有机胶水干得更慢，且不会膨胀胶皮。无机胶水无色、无味。同时，该胶水对胶皮的损害较小，即使第一次没粘好也可以撕下来重新粘。其缺点是在除胶的时候会比较麻烦。

第五节　鞋服选择

一、乒乓球鞋

市面上的运动鞋主要包括乒乓球鞋、篮球鞋、羽毛球鞋、跑鞋等。我们在打乒乓球时一定要选择专业的乒乓球鞋。乒乓球运动范围比较小，运动幅度小，对启动速度要求很高。若鞋底过厚，缓冲时间长不利于运动员的快速启动。因此，乒乓球鞋的鞋底都相对较薄。乒乓球鞋从价格上可分为高、中、低三个档，高档鞋一般价位在 500 元以上甚至大于 1000 元，中低档多在 300 元以下。进口品牌如优拉、蝴蝶、美津浓等都是不错的。国内比较出名的品牌是李宁，一些例如泰诺斯、双星、回力等性价比较高的品牌也很受爱好者们的青睐。

二、乒乓球服装

在乒乓球比赛中，一般要求运动员穿短袖上衣和短裤(或者短裙)。服装的颜色不能与比赛用球相同。在双打时，双方运动员的服装必须统一。中国乒乓球国家队的比赛服一直是中国乒乓球界的风向标，最为经典的就是 2008 年北京奥运中国乒乓球运动员比赛服。

第三章 乒乓球基本理论

第一节　乒乓球的常用术语

一、常见站位

乒乓球中的站位指的是运动员在开始击球时所站的位置，击球时身体与球台端线的距离叫作击球距离。根据击球距离的远近，可以将站位划分为近台、中台、远台、中近台和中远台五种(图 3. 1)。

近台：站位在距离球台的端线 50 厘米以内的范围。

中台：站位在距离球台的端线 70 厘米左右的范围。

远台：站位在距离球台的端线 100 厘米以外范围。

中近台：介于中台和近台之间的范围。

中远台：介于中台和远台之间的范围。

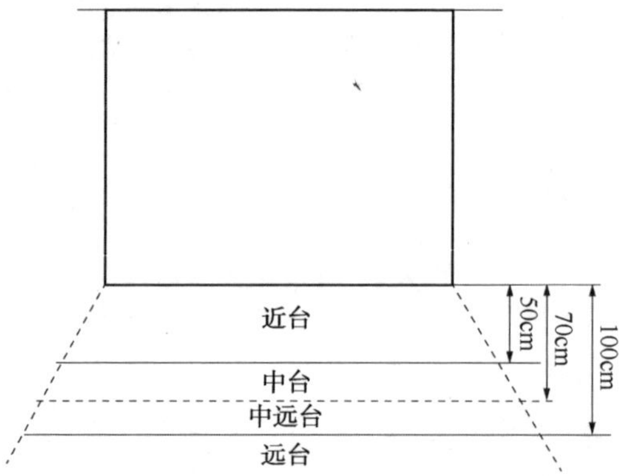

图 3. 1　站位

一般来说，不同的技术打法会选择不同的站位方式。近台快攻型打法站位一般离球台较近(约为 40 厘米)，以利于正手的攻球拉球。以弧圈球打法为主的选手一般站位离球台 50 厘米左右。削攻结合型打法站位离球台 40~60 厘米，身体略微左倾。以削球为主的选手可以站得远一些，一般在中远台附近。身材高大的运动员一般可以离球台远一些，身材矮小的运动员可以离球台近一些。总而言之，站位的选择原则是既要照顾全台，又要有利于自己技术特长的发挥。

二、击球点

击球点指的是在击球时，球拍和球相接触的那一点的空间位置。击球点的位置相对击球者身体而确定，大致可以包括三方面的内容：(1)击球点相对于击球者身体的前后；(2)击球点相对于击球者身体的左右；(3)击球点相对于击球者身体的高低。击球点的选择和击球质量高低有着十分重要的联系。

三、击球部位

击球瞬间，球拍触球的位置叫作击球部位。击球部位和拍形相关。从上到下可以分为上部、中上部、中部、中下部和下部(图 3.2)。正确的击球部位是保证击球质量的重要因素。在比赛中，专业选手更喜欢击球的中上部，这样打出的球的球速一般会比较快，旋转性比较强，同时稳定性也很高。

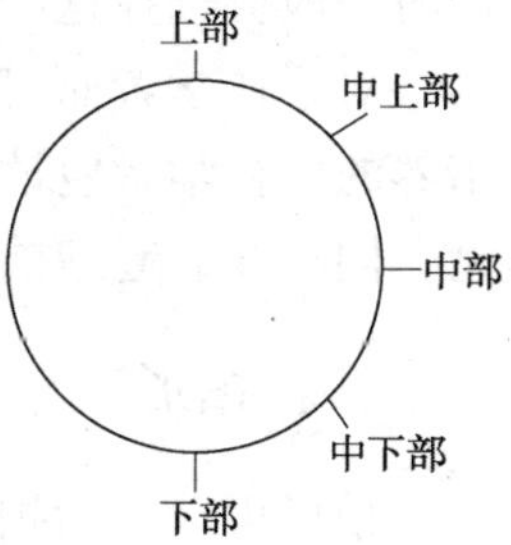

图 3.2　击球部位

四、击球时间

击球时间是指对方的来球落到本方的台面弹起后，其运行轨迹从触台点先上升再下降直到落地之前的过程，具体可以分为上升期、高点期、下降期(图 3.3)。

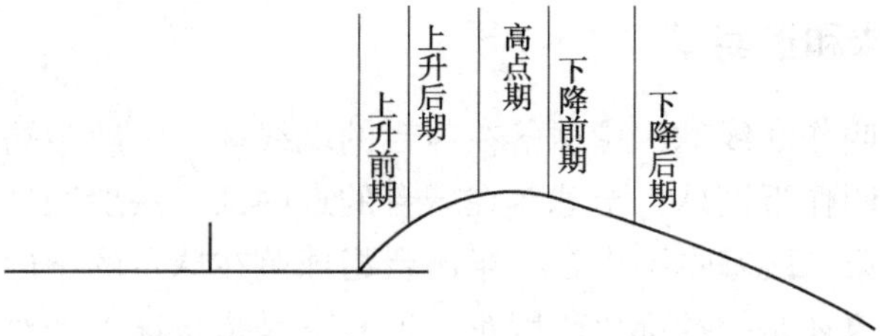

图 3.3　击球时间

上升期：球从触台点起跳至接近最高点的这段时间，一般还可以细分为上升前期和上升后期。上升前期借力容易，但此时球刚弹起，高度低且速度快，所以在这个时期击球很难发力，无谓失误相对多一些。上升后期是击球比较好的时间点，此时对方的旋转还没有完全发挥出来，本方击球有一定的缓冲时间，这个时期发力借力都比较容易，稳定性高于上升前期。

高点期：球在接触球台后弹起在最高点附近的这段时间。在高点期击球是比较容易且稳定的，我们可以有充足的准备时间。在这个时期，球的弧线比球网高，不容易下网。但此时球的旋转比较强，如果没控好球就很容易吃旋转。同时，对手也有较为充足的时间来准备我们的回球。

下降期：球从最高点开始下降后的这段时间，可以细分为下降前期和下降后期。下降前期，球的旋转很强，我们一般处于比较被动的时机或者不好发力时才选择这个时期击球，有时在拉较沉的下旋球时也会选择这个时期。这个时期击球的质量往往是不高的，给对方造成的威胁较低。下降后期是一个不常用的击球点，一般在放高球或者跑动失位时才会不得已在这个时期击球。削球手在削弧圈球时一般会选择这个时期。

对于初学者而言，如果习惯了在下降前期击球，是不利于动作定型和球感的培养的。初学者应该多练习在上升晚期和高点期击球，通过借力更容易使动作定型，同时建立起迎前击球意识，这样对于后期的进步更有帮助。

五、拍形

拍形可以分为拍面角度和拍面方向两个方面。

拍面角度：在击球时拍面和球台水平面所形成的夹角。该夹角小于 90°时，称为前倾；夹角接近 90°时，称为垂直；角度大于 90°时，称为后仰。前倾的拍形一般击球的中上部，垂直的拍形一般击球的中部，后仰的拍形一般击球的中下部。

拍面方向：击球者面向球台站立时，手中的球拍拍面所朝的方向。击球的右侧时，拍面向左；击球的左侧时，拍面向右。

六、长短球和追身球

长球也可以叫作底线球，指球落在球台的端线区，一般距端线 30 厘米以内。

短球也可以叫作近网球，指球落在球台的近网区，一般距球网 40 厘米以内。短球在台面上的第二跳基本不出台。半出台指球落在球台的中区附近，在该区域的球无论台内抢攻还是拉冲都比较困难。追身球是指将球击到对方身体中间的位置。追身球可以让对方在回球时做不出完整的动作，从而使回球的质量降低。长短球区域划分如图 3. 4 所示。

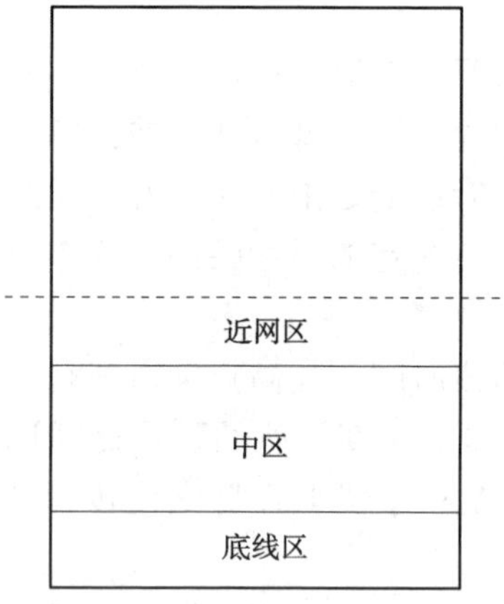

图 3. 4　长短球区域划分

七、击球节奏和摆速

击球节奏：在击球时由于击球时间、击球点、发力大小、摩擦球厚薄等因素而使得击球速度出现快慢不同的节奏。速度、旋转、落点、线路、力量和弧度这六个要素，只要改变其中的任何一个，就会影响节奏。

摆速：持拍手摆动的速度。一般来说，摆速越快，球速越快。

八、发力方向和方法

发力方向：运动员在击球的瞬间向哪一个方向发力。一种拍形可以用多种发力方向。常见的发力方向主要有三种，分别是向上、向前和向里。

发力方法：击球时，运动员身体各个部分的发力顺序和主次关系。同时还需要讲清楚在击球时是以摩擦球为主，还是撞击球为主。

第二节　乒乓球的技术要素

乒乓球运动中有五大要素，力量、弧线、旋转、落点、速度。若要谈论其中一个要素，另外四个要素也是绕不开的，因为五大要素缺一不可，彼此相关，有机结合。

一、力量

可以举起 200 斤杠铃的举重运动员打乒乓球的力量不一定比一些较为精瘦的乒乓球选手大。乒乓球运动中强调的力量主要是爆发力，爆发力指的是人在瞬间释放的身体的力量。击球力量的大小主要取决于手臂挥拍的幅度、腰腿的配合以及动作的加速度大小。一般而言，挥拍的加速度越大，击球的力量也就越大，击出的球的球速也就越快。在比赛时加强击球的力量可以显著提高击球的质量，从而给对手带来更大的威胁。

1. 力量的分类

乒乓球运动中的力量可以分为以下几种类型：绝对力量、中等力量、借力打力。

绝对力量：在乒乓球实战中，使用绝对力量去击球的情况是比较有限的，我们可以把绝对力量理解为尽全身最大的力去打，但是使用绝对力量时一定不要发死力，可以使用 90%的力量。发死力很容易让自己的身体无法还原，从而影响后面的连续进攻。同时，发死力还会显著增加运动员的无谓失误。

中等力量：一般是最大力量的 60%～70%。中等力量一般用于主动进攻，例如发球抢攻、连续进攻、起下旋等。中等力量击球的稳定性较高，同时身体的还原也不会受到影响。这种力量在比赛中使用的频率是最高的，可以说是基本力量，是比赛中重要的得分手段。

借力打力：这种发力方法多用于相持阶段。这种力量十分灵活，它利用对方来球的力量与自己出手的力量产生合力，所以不需要选手使用很大的力量也可以使回球的速度加快、质量变高，一般只需用40%~50%力量即可。借力打力在比赛中应用十分广泛，有时能给对方带来出其不意的一击。

2. 如何提高击球力量

① 增加球拍触球时的挥拍速度。动量是速度和质量的乘积。所以在击球时一定要增加挥拍的速度，这样才能给球带来更大的力量。切记，击球时挥拍的速度保持不变，匀速挥拍是打不出力量的。

② 要掌握好合理的击球点和身体位置，给自己的身体留足加速的空间，这样才能有利于身体各部位肌肉集中发挥出最大的力量。

③ 增大参与击球的肌肉质量，即让身体各部位尽量多地参加工作。腿、腰、手臂、髋、手腕、手指都需要发力，并且发力要协调，这样才能尽可能地提高击球质量。

④ 在击球时要充分引拍。充分引拍可以有足够的击球距离，同时可以拉长手臂等部位的肌肉，从而在击球时可以更好地收缩发力。

⑤ 在击球后要适当地放松身体的肌肉，迅速还原到下一球的准备状态，不能在发力后身体就僵硬住了。

⑥ 使用弹性更大的套胶和弹性更大的底板。同时，击球时注意用球拍的适宜位置击球，一般为球拍中区略偏远端的部位。

⑦ 增加体能训练，提高身体素质，注意力量素质的练习。主要是身体爆发力的练习，提高身体协调性，并使之与技术密切结合。

二、弧线

1. 弧线的概念

乒乓球中的弧线指的是球离开球拍落在对方台面的飞行轨迹的连线。好的飞行弧线是使乒乓球飞越球网并落到对方台面的必要条件。

2. 弧线的组成

在一次击球过程中，球的弧线主要由两部分弧线组成，分别是第一弧线和第二弧线，如图3.5所示。第一弧线也叫作出手弧线，是指球被击出后到落到对方台面为止的这一段飞行轨迹。第二弧线也叫作反弹弧线，是指球从对方的台面弹起直到碰到其他物体为止的这一段飞行轨迹。弧线都是由弧高、打出距离、弯曲度和方向组成的。弧高代表弧线的最高点距台面的距离，打出距离指的是击球点和落点之间的水平距离。合理的第一弧线可以增大球的威胁性。

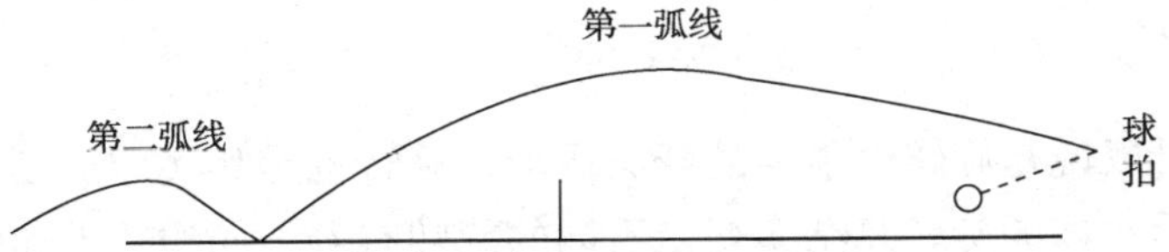

图 3.5　乒乓球的击球弧线

在发球过程中，球的飞行弧线主要由三部分组成，分别是发球出手弧线、第一反弹弧线和第二反弹弧线(图 3.6)。

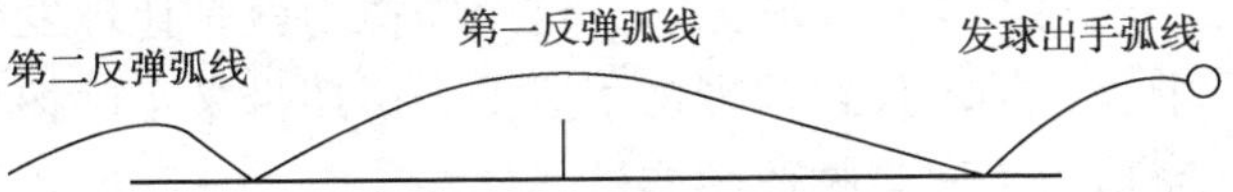

图 3.6　乒乓球的发球弧线

3. 弧线的影响因素

弧线的主要影响因素有球的旋转、发力方向和大小以及拍面角度等。

球的旋转：旋转对乒乓球中弧线的影响是很大的。一般来说，上旋可以增加第一弧线的弯曲度和第二弧线的飞行速度，减小第二弧线的高度。下旋可以减小第一弧线的弯曲度和第二弧线的弹出距离，增加第二弧线的高度。左侧旋可以让球的第一弧线和第二弧线向右侧拐，右侧旋可以让第一弧线和第二弧线向左侧拐。

发力方向和大小：在对方来球较高时，我们通常会往前下方发力来扣杀，这样可以让球的飞行弧线弯曲度降低，同时可以缩短打出距离，在增大力量的同时使得球不出界。同样地，在来球比较低的时候，我们需要往前上方发力，增大球的弧线弯曲度，使球能够到达对方的球台上。发力的大小对弧线也有比较大的影响，一般来说，在其他条件不变的情况下，发力越大，球速就越快，球的打出距离越长。在实际打球的过程中，要灵活调整发力的方向和大小，从而打出好的弧线。

拍面角度：在其他条件不变的情况下，拍面越前倾，球的弧线弯曲度越低，过低时会导致球下网；相反，拍面越后仰，球的弧线弯曲度就会越高，过高时则会导致球的出界。因此，在击球时一定要调整好拍面角度，以保证球的上台成功率。

乒乓球的弧线好坏是球能否上台的重要因素，在平时的比赛和训练中一定要多加练习弧线的控制。针对来球旋转和速度的不同来调整回球的弧线，同时也要保证回球弧线的质量，这样才能增加回球的威胁性。

三、旋转

乒乓球可以说是旋转性最强的球类运动。旋转也是乒乓球运动中尤为重要的一个要素。乒乓球的旋转复杂多变，不同的旋转有着不同的效果和作用。

1. 旋转产生的原因

在乒乓球拍与乒乓球的碰撞过程中，除了发生正碰外(法向的撞击力过球心)，这种情况下乒乓球是不产生旋转的。只要球拍相对于乒乓球有切向的移动，那么球拍和球之间就会产生相互摩擦力，这个摩擦力就是让球发生转动的主要原因。在这个过程中，球拍不仅给球带来了撞击力，还带来了摩擦力。撞击力主要影响球的速度，摩擦力主要影响球的旋转方向。

因此，如果没有了摩擦力就不会产生旋转。这也是不粘胶皮的光板无法打出旋转球的原因。需要注意的是，有些胶皮在使用时间过长之后会出现氧化的情况，使得胶皮与球之间的摩擦力大大减小，此时就需要更换新的胶皮。对胶皮多爱护多保养(例如每次使用结束后贴上保护膜)可以减缓胶皮的老化，从而增加胶皮的使用年限。

球拍与球之间的静摩擦力主要取决于两个因素，一个是使用者撞击力的大小，一个是球拍"黏性"的大小。撞击力越大，球的旋转越强；胶皮的黏性越大，球的旋转越强。

2. 旋转轴和旋转的种类

乒乓球是一个规则的球体，当球旋转时会呈现出一条经过球心的轴线。根据击球者击球部位、发力大小等的变化，球也会产生多种不同的旋转，产生各种旋转轴。常见的旋转轴有三种，分别是上下轴、左右轴、前后轴。

上下轴也叫竖轴，指的是通过球心与桌面垂直的轴。球往左侧旋转称为左旋球，往右侧旋转称为右旋球。

左右轴也叫横轴，指通过球心且与乒乓球的飞行方向垂直的轴。从击球者的方位来看，顺时针旋转为上旋球，逆时针旋转为下旋球。

前后轴也叫纵轴，指通过球心且与乒乓球的飞行方向平行的轴。同样地，从击球者的视角来看，顺时针旋转为顺旋球，逆时针旋转为逆旋球。

3. 如何增强球的旋转

要知道，旋转较强的球威胁性要比直来直去的球大得多，因此在比赛或者训练的过程中，要多找摩擦的感觉。摩擦过去的球比发力拍打过去的球的成功率要高得多。至于如何增强球的旋转，有以下几点建议可供参考。

① 增长击球的力臂，即在球拍触球时使力的作用线远离球心，从而加大球

的旋转。

② 加快击球的速度及增大挥拍击球的力量，可增强球拍对球的摩擦力。

③ 使用黏性更高的胶皮，例如狂飙系列的胶皮。狂飙系列的胶皮的黏性要比其他套胶高得多，能制造更稳定的旋转，是目前国家队队员常用的一款胶皮。

④ 选用球拍合适的位置进行击球。

⑤ 在球拍触球的瞬间一定要加快摆速，速度越快，制造的旋转就越强。

⑥ 可以借对方的旋转，借力打力。

四、落点

乒乓球的落点指的是球落台的那个点位。从击球点到落台点之间形成的线叫作击球路线。研究乒乓球的落点和击球路线，对于提高击球效果和战术运用是十分重要的。

1. 落点的重要性

乒乓球球台的面积虽然不是很大，但是其中的落点是非常多的。在与善于控制球的落点的人打球时，我们有时会感觉特别难受，对方回球的位置总让我们不好发力或者动作不好还原。落点的作用主要有以下几点：(1)调动对方的位置，扩大对方的移动范围；(2)抓对方的软肋，例如对方的反手薄弱，就要压住反手的落点；(3)虚晃对手，声东击西，即把球打到对方预判相反的位置上；(4)压住对方的还原位置，让对方的击球动作不完整。

乒乓球台一般可以划分为9块大致的区域，分别是：左半台短球区域、左半台半出台区域和左半台长球区域；中路短球区域、中路半出台区域和中路长球区域；右半台短球区域、右半台半出台区域和右半台长球区域。不同的技战术中对落点也有不同的要求。在比赛中我们可以发现，双方的发球一般都在短球区域，这是因为短球可以防止对方第一板的高质量上手，即使对方选择了台内拧拉或者挑打的技术，回球的质量也不会比直接冲弧圈强，我们处理起来也会更加容易。长球一般作为突袭或者调动对手的手段，不能总发长球，否则对方会直接拉弧圈过来。一般在实际比赛中，技战术会有好多种，例如长短结合、发球半出台等。

2. 提高落点变化能力的方法

① 首先要强化自身的落点意识，打球的时候要不断思考应该打哪个点、结合什么战术，而不是盲目地把球打到对方的台子上。

② 增加固定落点练习，把球台划分成不同的区域，使用多球的训练方法，将球回击到指定的区域内。

③ 加强手腕关节和腰腿的灵活性。由于落点可以通过手腕和身体的小动作

而发生变化，因此可以多多进行变换拍形角度和方向的练习。

④ 增加不定点球的联系，从多球开始再到单球。不定点练习不仅可以增强我们的球感，还能练习落点的把控。

⑤ 发球的落点也是十分重要的，在练习发球的时候也要强化落点意识，把球发到指定的区域，如正手短球、中路长球、中路半出台球等。

五、速度

速度快是乒乓球运动的一个重要特点。目前最快的球速是由中国乒乓球选手庄则栋打出的，约为 126 千米/小时，相当于高速公路上小汽车的行驶速度。天下武功唯快不破，乒乓球也是如此，速度快的球可以给对方带来巨大的威胁，不仅能使对方失去重心从而降低回球质量，有时还能直接打得对方毫无反应直接得分。

1. 速度的概念

乒乓球比赛中的速度和物理力学中的速度不同。乒乓球比赛中的速度指的是从对方来球到我方的台面上到弹起被我方球拍回击后又落到对方台面上这个过程所用的时间。这个过程的时间越短，说明球的速度越快。

2. 提高击球速度的方法

① 在击球时尽可能离球台近一些，这样可以缩短第一弧线的打出距离。

② 在来球的上升期击球，有利于减少第二弧线的反弹时间从而加快球速。在上升期击球中，步伐是一个十分关键的因素，尤其是步伐的速度。只有脚步到位才能尽快移动到适合击球的位置，才有可能在上升期发力击球。所以说步伐速度在乒乓球的速度中是非常重要的，谁的步伐速度快，谁的步法到位，就能在上升期击球。因此，我们需要多多练习自身的步伐速度。

③ 击球时，注意手腕、手臂和腰腿的联动，身体部位共同协调发力，增加挥拍的速度从而加快球速。

④ 加大击球的力量，注意不能只撞击，要撞击和摩擦结合。将撞击和摩擦有机地结合起来，不但能增加球的速度，还能增加球的旋转，给对方带来更大的威胁。

⑤ 发力时多增加往前的发力方向，这样可以降低球弧线的高度，缩短球的飞行时间，从而增加球速。

⑥ 缩短球的飞行路径，例如打直线也可以让球的飞行时间变短，从而增加球速。

第三节　乒乓球击球基本环节与动作结构

一、击球的基本环节

在乒乓球运动中，一次完整的击球所包含的基本因素叫作击球的基本环节。根据击球的时间顺序，可以将一次击球分成五个基本环节，分别是准备、判断、移动、击球和还原。

1. 准备

在乒乓球训练以及比赛中，击每一板球之前都需要有所准备。这里所说的准备不仅仅是身体和站位方面的准备，还包括心理方面的准备。身体和站位方面的准备主要包括重心下沉、身体略微放松、前脚掌着地等。不同的战术打法有着不同的身体准备姿势，要根据自身的技战术特点灵活调整。例如，直拍左推右攻打法的站位一般是左脚稍前于右脚，左脚位置基本处于球台左边线的延长线上。防守型(包括削攻结合打法)的站位是两脚基本平行，左脚位置处于球台左边线的延长线上。心理因素对我们的击球也有着一定的影响。过于紧张会导致手紧、手腕不灵活等，此时很容易产生无谓失误。心理过于放松会让我们紧张不起来，没有紧迫感，很容易被带入对方的进攻节奏。由此可以看出，准备过程在击球环节是十分重要的，只有在每一次击球前都需要做好准备，才能提高击球的成功率。

2. 判断

判断在乒乓球击球环节至关重要，它是确定我们移动步法和击球技术的根据。主要包括判断来球的路线、旋转、落点、速度等，判断的正确与否在很大程度上影响着击球的质量。对一个正常水平的乒乓球选手来说，只要判断准确、步法到位，那么回球上台的成功率是极高的。对于判断准确的球，我们有充足的时间和空间去准备回球的步法和动作，就好像平时的定点单球训练一样游刃有余，只要对方不跑偏，无论多大力量的弧圈球我们都可以防住。如果在比赛中判断不出对方要打哪里，就会出现手忙脚乱的情况，会增加失误的可能性。

乒乓球的判断可以分为两个部分，一是盯球，二是预判。两者有机结合在一起构成了乒乓球的判断。

盯球主要是盯对方球拍击球的瞬间，盯对方对球摩擦的方向、旋转和快慢。需要注意的是，我们只需要关注球拍触球的瞬间，而不需要关注对方全程的动作。如果我们盯对方动作的全过程，就很容易被对方的假动作欺骗。例如对手发了一个下旋球，但是击球后刻意地增加了一个挥拍向上的假动作，我们如果关注了这个动作就很容易被误导，从而导致接发球失误或者质量不高，从而给对方造成进攻的机会。有些乒乓球选手擅长高抛发球，我们在盯球的时候不能全程盯着球抛起到下落的过程，这样很容易分散我们的注意力。因此，无论对方发球抛得有多高，我们都不需要盯着抛起的乒乓球，只要集中精力盯住对方球拍触球的瞬间就可以了。对方的板形也是我们需要盯的目标，球拍立一点一般发的球旋转都不太强，球拍平一些一般会发生比较下沉的下旋球。另外要盯对方击球时的用力方向，触球的瞬间向侧向发力一般是侧旋球，向下发力一般是下旋球。

预判主要是根据自己打出球的落点和线路，对对手回球习惯做出的有效的判断。预判一般建立在自己回球质量比较高的基础上，让对方不能随意改变线路和落点，从而让对方主动把球打到我们计划的区域，这样我们就能提前做好身体和动作上的准备。但是如果自己的回球质量比较低，对方很有可能就不按照你的“剧本”来，而会随意地进攻或者调动，这样就起不到预判的作用了。预判不仅仅是经验上的积累，也是有一定规律的。例如，在发球时，如果我们发下旋球，那么对方是很难直接挑打或拧拉的。这样的话，我们就可以预判对方搓球，然后下一板就可以准备拉下旋。如果我们的发球刚刚过网而且不出台，那么对手很难借力暴挑，只能降低质量轻碰过来，我们就可以通过预判准备进攻上旋球。如果我们发的是出台的长球，那么对方极大可能回球也是长球，我们就可以预判退台一些进行反拉。总的来说，准确的预判，能让我们更加从容地击球，是提高击球质量的根本保证。

3. 移动

乒乓球的速度极快，而且在台面上的落点不固定。这就要求我们在每一次击球前都应通过快速移动来找寻最有利的击球位置。对方的每一板回球的速度、旋转、落点均是不一样的，甚至回球的质量也不一样。因此，我们在移动的同时还要确定如何反击，这个反击包括使用正手还是反手、加力还是加摩擦、打直线还是打斜线等。在如此短暂的时间里，我们不仅要调整站位还要思考打法，因此我们移动一定要迅速，大脑一定要集中，手法和步法的配合一定要协调。这样才能保证我们每一板的回球均有较高的质量。在日常的乒乓球训练时，不能只注重手上功夫的练习，还要注意脚下步法的练习，增强快速位移的能力，这样才能在比赛中游刃有余，更加机动和灵活。

4. 击球

击球是整个击球环节的核心。在击球时，我们需要根据对方的回球质量和自身的打法特点来决定最合适的回球方法。在击球时，我们要特别注意把握好一些细节，例如击球点、击球部位、发力方向、发力大小、摩擦的多少、回球路线等。击球质量越高，给对方带来的威胁也就越大，我们得分的可能性也就越大。

5. 还原

当我们击球的动作完成后，在球离开球拍飞向对方的球台的那一瞬间，还原动作就开始了。还原指的是我们在击球后都要恢复击球前的基本姿势或基本站姿，以更好地准备下一板的击球。身体的及时还原是连续性的保证。

在还原时要注意两个方面：身体重心的还原和握拍手的还原。身体重心的还原有利于保持身体的平衡，以便随时对下一个球进行判断，可以迅速移动步法去找到最佳的击球位置。握拍手的还原也是十分重要的，如果手臂的还原过慢，那么我们很容易错过回球的最佳时机，从而打不出质量，陷入被动。还原意识应该存在于每场比赛中的每一个回球中。有很多运动员在一板加力扣杀后会认为对方肯定防不住，从而没有及时地还原身体和手臂，结果对方防守过来之后，自己已经没有合适的击球点从而造成失分。这样的失分在比赛中是十分常见的，同时也是十分可惜的。

此外，在还原时还应该注意两点：第一是还原并不意味着要还原为接发球的基本站位或姿势，而是在哪里完成击球就在哪里还原；第二是根据技战术打法和对方回球的情况来决定还原的姿势，而不是一味追求还原到开始的基本姿势。例如，我们在获得连续进攻的主动时，应该还原为连续进攻的基本站位或基本姿势。也就是说，还原要注意把握下一轮击球的有利位置和有利姿态。总的来说，乒乓球击球环节中的还原是十分重要且关键的一环，它决定着击球的连续性，还原快的运动员往往能打出更高质量的回球，增大得分的可能性。因此在日常训练中，我们一定要强化还原意识，有针对性地去训练打球中的还原动作，养成凡是击球必还原的好习惯。

二、击球的动作结构

乒乓球运动中有多种击球技术。虽然不同的技术方法要领均有所不同，但是在击球动作的结构层面是比较类似的。乒乓球的每一个击球动作均可以由引拍动作、击球动作、结束动作组成。

1. 引拍动作

在引拍之前首先要找到合适的击球位置。击球位置的合适与否在很大程度上决定着击球的质量。击球的位置要根据对方回球的落点、旋转和自身的技战术打法来确定。只有击球位置合理，才有可能打出高质量的回球。在确定好击球位置后，我们要开始引拍。引拍是迎前击球的准备动作，其目的是更好地发力。引拍的方向和回球的旋转有着很大的关系。例如，搓球时都会向上引拍，然后让回球呈下旋；在拉下旋球时一般会向下引拍，让回球呈上旋。引拍动作的正确与否影响着击球的命中率和质量。

2. 击球动作

我们首先要迎着对方的来球挥拍。迎球挥拍主要指引拍结束到击中球的这一段过程。引拍和挥拍应该是连续的动作，挥拍动作的标准与否在很大程度上决定着回球的质量和准确性。挥拍的下一个瞬间就是球拍触球，触球的瞬间十分短暂却十分关键。触球瞬间的拍形角度、拍面方向、击球时间、击球点等对回球有着巨大的影响。这个环节是决定回球方向、落点、速度、旋转的关键。在球拍把球打出去之后要随势挥拍，这个动作有利于保证击球动作的完整性、协调性和稳定性。

3. 结束动作

在击球动作结束后，我们需要对身体进行适当的还原和放松。还原放松是指击球完成后，随着挥拍的结束而出现的短暂的放松阶段。这个环节是保证有节奏地连续击球的关键，对击球的连续性有着很大的影响。

在击球时，这三个动作结构的相辅相成尤为重要。因此，我们需要在日常训练中强化这些动作结构的有机结合，确保每次击球都完整地做完了这三个动作，切忌在击球时出现动作结构不完整的情况。

第四节　乒乓球运动中常见的打法

对乒乓球技术进行分类，主要是根据运动员的技术特征和技术手段来进行的。在 20 世纪 60 年代之前，人们通常把乒乓球技术划分为两种类型，一种是进攻类型，另一种是防守类型。伴随着新技术的产生、手段的革新、战术手段的多元化，20 世纪 70 年代，人们对乒乓球技术进行了更明确的分类。在乒乓球运动中，对不同的打法进行识别的主要依据是技术特征或技术方法(也就是在比赛中使用最多、得分最多的技术)，还有不同的工具。

乒乓球运动的技术有很多种，各种技术的有机结合形成了各种各样的打法。在当今世界级别的高水平乒乓球比赛中，不管是什么打法的运动员，如果仅仅依靠自己的打法，那么这在大型赛事中获胜的概率是很低的。这样的竞争格局迫使每一名专业选手都要不断地拓展自己的技术体系，充实自己的技术种类，提高自己的进攻能力，以更好地适应赛场。

一、直拍快攻类打法

快攻类打法的战术特点是以速度为主，以速度制约旋转，一般站在近台，积极主动，先发制人。直拍快攻打法是中国的传统打法，距今已有40多年的历史。在20世纪50年代的初期、中期，直拍快攻打法以“速度快、打得狠”为特点。不过那时候的拉球、攻球的技术还不够成熟，进攻的成功率也相对较低，所以才会被欧洲的削球、日本的远台长抽打法给打败。然而，我们国家的运动员并没有因此放弃，通过后续不断的比赛实践，我国的快攻型打法选手提高了对击球准确性的认识，努力训练自身的基本功。在20世纪50年代后期，中国的快攻选手容国团凭借其快速多变的技术特点，在第25届世乒赛上获得了男单冠军。自此，“快，准，狠，变”的快攻打法成为20世纪60年代世界乒坛的一大亮点。在20世纪70年代初期，欧洲人的弧圈技术得到了快速发展，使得中国的快攻打法在速度上受制于旋转。对此，我国的快攻选手采用了拉一板小上旋的技术来为快攻开路，进而使快攻打法更加丰富，形成了“快、准、狠、变、转”的技术风格。

二、直(横)拍两面攻

直(横)拍两面攻打法的特征是：靠近球台，进攻速度快，进攻凶猛，正、反手威力大，积极抢攻。20世纪50年代，王传耀就是这个打法的代表。他站位偏向于中台，常以正手和反手的发力进攻占据先机，多次夺得全国单打冠军。20世纪60年代，庄则栋则是这一打法的代表。他擅长近台进攻，充分发挥小臂和手腕的作用，动作利落，提高了击球速度，形成了近台两面攻的打法，曾多次获得男子单打世界冠军。20世纪70年代，日本的选手河野满则是这一打法的代表。他继承了日本正手进攻好、侧身意识好等特点，并吸收了中国的近台两面攻打法的部分长处，形成了以近台为主结合中台的两面攻打法，在第34届世乒赛上夺得男单冠军。受直拍快攻打法的影响，中国的横拍快攻也得到了很大的发展，60年代的湖北选手陈盛兴、70年代的北京选手腾义等人在国内、国际的众多比赛中都获得了很好的成绩。直(横)拍两面攻打法应掌握的技术有：正(反)手的快点、快攻、快带、快拉、突击、扣杀、杀高球，侧身正手攻球和扣杀等。

三、直拍左推右攻

直拍左推右攻是中国特有的一种乒乓球技术，它具有离球台近、动作幅度小、速度快、步伐快、正手攻击力强等特征。20世纪50年代，这种技术的主要特点是运动员们一般以正手进攻为主，只有在少数情况下才会使用反手进行推挡过渡。后来，随着反手推挡技术的提高，才逐渐形成真正的直拍左推右攻打法。20 世纪 50 年代，傅其芳就是直拍左推右攻打法的代表，他以正手快攻和反手推挡结合球路的变化来获取比赛中的优势。20 世纪 60 年代和 70 年代，则以李富荣和李振恃为代表，他们不仅提高了反手推挡和反手进攻的技术水平，还增强了侧身正手进攻的意识和能力，将左推右攻和侧身进攻结合到了一起。与两面攻打法相比，直拍左推右攻的技术特点在于反手掌握的技术要更多一些，比如快推、加力推、推挤、减力挡等。

四、直(横)拍弧圈结合快攻类

弧圈球技术于 20 世纪 60 年代初问世。为了应对中国选手的快攻打法和欧洲选手的削球打法，日本选手发明了弧圈球，于 1960 年 6 月第一次使用这种技术迎战匈牙利和南斯拉夫乒乓球队并且取得了胜利，从而创立了直拍以拉弧圈为主的新打法。1961 年，第 26 届世界乒乓球锦标赛在北京举行，日本的获村、星野等人用弧圈球对抗中国及其他国家的运动员。弧圈球有上旋强、冲力大等特点，以致很多欧洲削球选手难以防守，从而取得了较好的效果。弧圈球对中国的快攻选手虽有一定威胁，但因其尚处于发展初期，技术水平较低，未取得明显的成效。但它的出现还是引起了世界乒坛的注意。在第 26 届世乒赛以后，我国的运动员开始学习拉弧圈球的技术，并结合中国原有的快攻和反手推挡的特点，逐步形成了具有中国特色的弧圈结合快攻打法。到了 20 世纪 70 年代初期，欧洲选手经过不断地探索和实践，把弧圈球的技术提高到了一个新的水平，并且创造了横拍弧圈结合快攻的新打法。目前，弧圈结合快攻已成为我国的重要打法。

直拍弧圈结合快攻打法的特点是：正手拉弧圈球出手快，击球线路灵活，旋转变化多，步法灵活，抢攻意识强。比赛时，常以发球或接发球抢攻而占据先机，并能在推挡中结合侧身抢冲争取主动，有时也会用真假弧圈来扰乱对方，为扣杀创造机会。这类打法在中国 20 世纪 60 年代以余长春、刁文元为代表，70 年代则以郭跃华为代表。

横拍弧圈结合快攻打法的特点是技术全面，正、反手都能拉出上旋强、冲力大的弧圈球。在比赛时，常用以转制快、以转破转作为战术的指导思想，利用弧圈球的上旋冲力使对手退台，或以旋转的变化来扰乱对方，以快、慢拉球来破坏对方的击球节奏，使对方失误或为自己扣杀创造机会。横拍弧圈结合快攻打法要求正反手都能掌握各种弧圈球技术。横拍弧圈结合快攻打法是目前最主流的打法，也是现在马龙、樊振东这些超一流运动员的打法。

五、直(横)拍快攻结合弧圈类

快攻结合弧圈打法是乒乓球运动打法类型的一种，其特点是站位中近台，以快攻为主，并配合拉弧圈球的打法，直拍和横拍运动员均可运用。技术风格是“快、转、狠、变”。特点是以速度为主、旋转为辅，速度和旋转结合较好，比赛中，能近台快抽、快拨和抢冲，亦能中台拉弧圈球做相持或过渡，能攻能防。这类打法要坚持以速度为主的特点，必须加强发、接、抢前三板技术和以近台快攻的技术为主的训练，努力提高攻打弧圈球的能力。

直拍快攻结合弧圈打法的特点是站位偏近台，以正手进攻为主要的得分手段。比赛时能快则快，不能打快攻时，则以正手抢拉弧圈球来争取主动，为快攻或扣杀创造条件。这一打法 20 世纪 60 年代以李莉为代表，70 年代以齐宝香为代表，她们在许多国际比赛中使用推攻结合拉弧圈的战术，击败了许多有名的选手。

横拍快攻结合弧圈打法的特点是以快攻为主，以拉弧圈为辅。正手在中近台攻拉结合，反手则以近台快攻为主。比赛时能快则快，先发制人；不能快攻时以拉弧圈球与对手相持或过渡，伺机反攻。这种打法在正手相持时，对选手的站位和击球点、发力的要求非常高，一旦命中就有可能直接得分，但同时失误也多，对选手的个人能力有一定的要求。

六、削球类

削球是一种后发制人的技术，主要在球的下降期击球。在世界乒坛中，削球打法的形成和发展比其他任何一种打法的历史都要悠久。早在 20 世纪 30 年代初，胶皮球拍的出现极大地增强了击球的摩擦力，在欧洲逐渐形成了以削球为主的打法。早期的削球打法更注重防守，不易失误，但是缺点是缺乏攻击能力，观赏性不佳。尽管如此，从 20 世纪 30 年代到 40 年代，削球打法一直处于世界乒坛中的领先地位。20 世纪 50 年代初，日本选手利用海绵球拍突破了欧洲选手削球的防线，形成了攻守对峙的局面。60 年代以后，随着中国快攻技术的兴起和欧洲弧圈球技术水平的不断提高，欧洲的削球打法开始落于下风。欧洲的削球技术给中国的选手也带来了一定的影响，中国的削球选手经过反复练习，进一步加强了削球的旋转性，同时提高了一定的进攻能力，逐渐形成了以削球为主结合反攻、攻削结合以及挡、攻、削相结合等多种技战术打法。不过，削球的进攻性远比不过弧圈球等技术。我们可以发现，在世界比赛中，削球手的数量始终不会太多。在遇到进攻能力比较强的选手时，削球手很容易出现被全台调动的局面。随着弧圈球技术的进一步提高和广泛应用，削球打法要想在世界乒坛占有一定的地位，就必须提高削弧圈球的技术，同时增加落点的调动和反攻能力。削球类打法是一个比较笼统的概念，其具体可以分为以下几种：直拍削中反攻打法，横拍削中反攻打法，直拍挡、攻、削结合打法，横拍攻、削结合打法。

1. 直拍削中反攻打法

直拍削球与反击相结合是中国传统的打法之一。其特点是站位偏中远台，削球稳健，步法灵活，常用稳定且刚过网的削球遏制住对方的进攻，再通过旋转和落点的变化来调动对手的身体和位置，使得对方不能有高质量的回球，给自己创造进攻的机会。这种打法在 20 世纪 50 年代以姜永宁为代表，在 60 年代以张燮林为代表，他们在许多重要的国际比赛中都曾取得很好的成绩。这种打法不光要求自身有较高水平的削球技术，同时也要有稳定且成熟的进攻技术。

2. 横拍削中反攻打法

横拍削中反攻是欧洲选手的传统打法之一。中国在 20 世纪 50 年代初积极提倡过这种打法，后来通过中国选手不懈的学习和研究，在 20 世纪 60 年代逐渐形成了具有中国特色的削球打法。该打法的特点和直拍削中反攻有一定的相似性，具体体现在：站位偏中近台，削球的旋转落点灵活多变，在比赛时常以加转下旋球结合不转球，配合落点的变化来调动对方，使对方无法提高回球质量，为自己的反攻创造机会。这一打法在 20 世纪 60 年代以林慧卿、郑敏之为代表，70 年代以陆元盛、黄亮为代表。

3. 直拍挡、攻、削结合打法

直拍挡、攻、削结合打法是在直拍削中反攻打法的基础上发展起来的，该打法的特点是技术全面、战术多变。在比赛中，推挡、进攻、削球三者的有机结合可以给对手带来巨大的迷惑性，让对手难以预判下一球的打法，从而让对手自乱阵脚。这种打法在 20 世纪 70 年代以葛新爱为代表，她通过这种全面的打法取得了第 35 届世界乒乓球锦标赛的女子单打冠军。这种打法对技术要求比较全面，需要选手不仅掌握削球的技术，还需要有一定的推挡、防守、正反手进攻技术。

4. 横拍攻、削结合打法

横拍攻、削结合打法是在横拍削中反攻的基础上发展而来的。该打法的特点是：技术全面，可攻可防，战术多变，在比赛中可以根据对手的弱项来采取先攻后削或者先削后攻的战术，使对手难以适应，从而创造进攻的机会。这种打法在 20 世纪 70 年代以梁戈亮为代表。

第五节 乒乓球运动中常见的步法

步法是指乒乓球运动员为了选择合适的击球位置所采用的步法移动方法。步法在乒乓球运动中十分重要，可谓是乒乓球的生命。步法的好坏在很大程度上决定着能否打好乒乓球。乒乓球运动的手法和步法应该是紧密结合的，缺一不可。步法可谓是每一名运动员都要具备的重要技术，它不仅是及时准确地使用与衔接各项技术动作的枢纽，也是执行各项技战术的保证。因此，步法的训练在乒乓球训练中占据了很大的比重，只有手法和步法兼顾，才能更好地提高自身的击球命中率和击球质量。如果不重视步法的训练，就很容易在比赛中出现击球位置不合适从而错失进攻机会的情况，甚至会逐渐丧失主动进攻能力，打法越来越保守，从而越来越难得分。

在步法移动之前，我们的身体都要有一个准备的趋势：含胸收腹，膝盖弯曲保持弹性，脚尖着地，身体要略微前倾。在球来时，要注意用身体去迎球，同侧脚去找球的落点，异侧脚要迅速跟上；在击球时，要保证重心转换后的稳定和身体的还原，以方便使用步法来准备下一板的击球。注意，对方来球落在身体的右边，此时我们的右脚称为同侧脚，左脚则称为异侧脚；相反地，来球如果落在我们身体的左边，我们的左脚就是同侧脚，右脚则是异侧脚。

在乒乓球运动中，常用的步法主要有以下几种。

一、单步

1. 特点

单步可以说是乒乓球运动中最常用的一种步法，通常在来球距离身体较近的情况下使用，例如接近网不出台的短球或者削略微追身的球。单步移动时重心较为平稳，适合多种打法。

2. 移动方法

以一只脚为轴，另一只脚向前、后、左、右不同方向移动，身体重心随之落在移动脚上，重心站稳后挥臂击球，然后身体迅速还原。

3. 注意事项

在日常训练中，可以多通过台内短球的多球练习来练习单步的移动，在击球完成后一定要注意步法和身体的还原，以更好地衔接下一板。

要注意避免：①下体不动，只用胳膊和手去找球，这样很容易失去身体的平衡；②重心站得过高，过高的重心会让步法移动不协调。

二、跨步

1. 特点

跨步的幅度要比单步大一些，而且通常会降低身体的重心，常见于近台快攻打法中的快速回击技术，目前在弧圈打法中已经很少使用了。通常适合打借力球，或者在来球急、角度大的情况下使用，例如“打回头”、削接左右大角度的来球等。

2. 移动方法

远离来球的一脚蹬地，靠近来球的一脚向移动方向跨一大步，蹬地脚随后跟上半步或一小步，身体重心即移到跨步脚上。跨步容易降低我们身体的重心，业余选手使用得比较多。

3. 注意事项

用跨步进行横向移动时通常与并步或跳步结合运用，因为跨步与跨步的衔接会使我们的身体重心越来越低，从而不利于连续击球。

三、跳步

1. 特点

与跨步相比，跳步的移动范围更大，但是速度更慢。由于跳步中带有身体同时离开地面的动作，因此会有短暂的腾空时间，因此会对身体的重心有一定的影响。但是也不是没有对应的解决办法，通常可以靠膝关节和脚踝的缓冲来减少重心的起伏。跳步常用于来球距离身体较远但是速度比较慢的情况。

2. 移动方法

远离来球的一只脚蹬地发力，使两脚同时或者几乎同时起跳离开地面向来球方向跳动，蹬地用力大的脚先落地，另一只脚再落地。

3. 注意事项

在弧圈类打法中，常用跳步由中台向左、右移动。快攻类打法的选手左右移动击球时常将跳步与跨步结合起来使用。削球类打法的选手在接突击球时常采用跳步，也常用小跳步来调整站位。

四、并步

1. 特点

并步也可以叫作滑步，和跳步类似，区别是并步不做腾空的动作。因此，并步的重心平稳，常用于各种打法中。

2. 移动方法

远离来球的一只脚向来球方向迅速蹬地发力启动，先并一小步；与此同时，另一只脚向来球的方向跨一步。一般来说，先动的远侧脚的移动幅度小于后动的同侧脚。

3. 注意事项

并步常用于削球选手的正反手削球或者快攻选手在左右移动中的攻球或拉球。重心转换在并步中十分重要，因此，在训练和比赛中使用并步一定要注意转换重心，增加击球连续性。

五、交叉步

1. 特点

交叉步又分为前交叉和后交叉。交叉步的移动范围和幅度特别大，通常用于处理距离身体比较远的球。它是各种打法在进行大范围移动时回击球最常用的步法，例如侧身后扑右方大角度的球。削球手偶尔也会使用该步法。

2. 移动方法

以靠近来球方向的脚作为支撑脚，调整支撑脚的脚尖指向移动的方向，远离来球方向的脚在体前交叉，向来球的方向跨一大步，身体随之向来球的方向转动，支撑脚跟着来球的方向再迈一步，这是前交叉步。后交叉步是在体后完成交叉动作。

3. 注意事项

交叉步的运动幅度较大，难度也相对较高，因此在多球训练中应刻意去加强。削球手在多球训练中可以多练习削接左、右大角度的球，以此来练习和巩固交叉步。进攻型选手可以多练推侧扑然后回反手的多球。

由于在做交叉步时也要同时做挥拍的动作，因此我们要把握好身体的协调性，手上的动作和脚下的步法节奏要统一，这样才能更好地发力击球。而且脚下一定要快，否则可能会出现球已经落到台面了身体还在移动中的情况，这种情况下击球很容易失误。

六、小碎步

1. 特点

小碎步是乒乓球中使用最多的一种步法，是衡量一个运动员步法是否合理、协调的重要因素。它是一种高频率的小跑步，也常用作连接各种步法的组合步。

无论是发球后进行调整，还是单步、并步后的重心转换都离不开小碎步。

2. 移动方法

在较小的范围内做前后左右的快速移动和身体重心的调节。移动时要注意脚底下和膝盖的弹性。

3. 注意事项

小碎步通常与其他步法联合使用。例如，用步法移动到一定的位置，但此时还没有找到合适的击球点，这时就要通过小碎步来调整，争取更好的击球点。因此，我们在练习其他步法时，要有意识地去体会小碎步的作用。只有这样，才能逐渐形成在运动中随时调整身体重心的好习惯。

第四章 乒乓球技术

第一节 握拍、基本站位以及基本姿势

一、握拍方法

1. 握拍方法的特点

目前，随着乒乓球技术的不断发展和进步，各种新式球拍也逐渐出现在了乒乓球运动员和爱好者的视野中，相应的握拍方法也更加丰富多彩。总体来看，世界乒坛流行的握拍方法依然是直拍握法和横拍握法两种。目前，世界上有名的乒乓球运动员大都这两种握拍法。乒乓球的握拍方法与击球动作有着较为密切的联系，它在一定程度上影响着运动员的技术特点。我们可以发现，不同国家和地区、不同技术特点的运动员的握拍方法都是不相同的。直拍握法是由亚洲运动员发明并延续使用的，横拍握法则是欧洲运动员的传统打法。这两种握法各有优劣，就如同中餐的筷子和西餐的刀叉。握拍方法并不是一成不变的，它可以根据每个运动员不同的技术特点加以微调。正确的握拍方法对调整击球时的引拍位置、拍形角度、发力方向等有着重要作用。与此同时，每次击球瞬间的发力都需要我们手腕和手指来完成。因此，了解且掌握正确的握拍方法对提高乒乓球技术有着至关重要的作用。

下面简单介绍一下直拍握法和横拍握法的特点。

直拍握法的特点：

① 除了直拍横打的选手外，正反手均用球拍的同一面进行击球。

② 出手速度较快，正手攻球快速有力，攻斜线、直线时拍面的变化很小，可以混淆对方，让对手不易判断。但也有一定的问题：反手攻球会受到身体的阻碍，较难掌握，防守时照顾的台内面积较小。

③ 直板握法手腕比较灵活，在发球时，可以利用手腕动作发出动作相似但是旋转、落点不同的球，也可以不用太多变化拍面而打出斜线、直线球，使对手不易判断。

④ 由于直拍握法手腕转动灵活，手腕的运用空间很大，拍形变化的速度快，十分有利于正反手动作的快速转换。处理台内球和追身球比较有优势。

⑤ 直拍握法相对灵活，使得球员可以轻松地调整握拍手的位置和角度，以适应不同击球技术和角度的要求。这一点使得直拍握法适用于多种不同打法和战术。

⑥ 直拍握法可以适应各种不同类型的击球，包括正手进攻、快速弧圈球、削球、侧旋球等。球员可以通过微调握拍手的位置和力量，改变球的角度、速度和旋转，制造对手难以处理的球。

⑦ 直拍握法对控制球的方向和力量有着较好的掌控能力。由于手掌的剖面与拍面平行，球员可以更准确地掌握球的击拍轨迹，从而提高球的旋转和变化性，令对手难以处理。

⑧ 直拍握法使球员的前手击球能力得到强化。通过直接的握拍手势，球员可以更直接地用前手发力和控制球的旋转。这种握拍方法有利于打出强力的直线球和快速的进攻球。

横拍握法的特点：

① 横拍握法可以更容易实现前手反手的转换。球员可以通过旋转手腕，借助横拍握拍的特点，将手腕从背面转向正面，迅速切换到反手击球。这使得球员可以更快地适应对手不同方位的球，并提高反手击球的速度和准确性。

② 横拍握法在制造侧旋球方面有一定的优势。通过在击球时在拍面上施加侧向力量，球员可以达到更大的侧旋效果，使对手更难以应对。横拍握法尤其适用于搓球、推挡和弧圈等技术，能够出现更多变化的侧旋球。

③ 横拍握法主要适用于短板攻防技术。由于拇指和食指的腹侧与拍面接触，这种握拍方式使得球员可以更好地控制乒乓球的短平快击技术，包括平推、阻击、短旋球等。横拍握法在前台进攻和快速弧圈球的变化方面也非常有效。

④ 横拍握法较直拍握法更强调手部的柔韧性和灵活性。由于使用横拍握法，球员必须灵活地调整食指和中指的位置，以适应不同击球技术的要求。这种握拍方法强调通过手腕的摆动和腕部的力量来控制球的旋转和线路。

⑤ 横拍握法相对于直拍握法，在发力时拥有更大的发力空间。由于手部拇指和食指的腹侧接触拍面，球员可以更好地利用手臂的力量来发力，使得击球更有威力。

⑥ 横拍握法使得球员可以更快地做出接发球的反应。相比直拍握法，使用横拍握法的球员可以更快地切换到正确的击球角度，并更灵活地应对对手不同的发球战术和球路。

⑦ 相对于直拍握法，横拍握法在反手技术上有一定的限制。由于拇指和食指的腹侧与拍面接触，球员的反手技术受到一定的限制和约束。因此，横拍握法在反手击球时可能需要付出更多的努力以达到与直拍握法相同的水平。

2. 两种常见的握拍方法介绍

（1）直拍握法。在早期，直拍打法可以分为以下三种，即快攻、弧圈和削球，而这三种打法下的握拍方法也存在一定的差异。由于近年来弧圈球的质量不断在提高，使得直拍削球打法的难度越来越大，现在基本已经没人使用直拍来削球了，所以在这里不再介绍。随着乒乓球技战术的不断进步，直拍快攻和直拍弧圈的结合也变得越来越密切，绝对的快攻和弧圈打法都已经不复存在，所以直拍的握法也逐渐趋向一致。

具体的握拍方法如下。持球拍的手的拇指和食指自然弯曲，然后拇指的第一关节压住球拍的左肩，食指的第二关节压住球拍的右肩。食指的第一个关节稍微向内弯曲，虎口贴于拍柄的后面。需要注意的是，拇指指尖和食指指尖的距离并没有严格的限制，可以根据我们的自身情况来进行微调，以保证握拍时的舒适感，然后其他三根手指微微弯曲，平铺在球拍的背面(图 4.1 和图 4.2)。其中，中指和无名指应该放在柄的底部，小指可以稍微自由伸展，以保持稳定。在准备姿势阶段，我们手上不要太僵硬，握拍时不要太紧，能够保证正常的拍形就可以了，等到击球发力的瞬间我们再握紧球拍即可。上文中提到，直拍的特点之一就是手腕比较灵活。因此，在实际击球时，我们可以通过调整每个手指的位置和发力来提高直拍击球的质量。在正手攻球时，我们可以拇指发力使得拍面下压并且前倾，然后将食指放松置于球拍的右肩，中指略微发力顶住拍面。在用反手推挡技术时，我们的拇指就可以稍微放松一些，拇指的第一关节轻轻地搭在球拍的左肩即可，食指发力使得球拍的拍面下压并且前倾，中指紧紧贴在球拍的背后，无名指和小拇指叠放在中指上即可。在使用直拍横打技术时，拇指要深握住球拍，食指可以适当地放松一些并且可以向球拍的边缘移动一些，后面的三根手指稍微伸直张开，从而稳定住拍形。直拍握法有多种形式，包括小钳式、中钳式和大钳式，每种方式都有其特定的优点和应用场景。由于直拍的柄比横拍短很多，球拍的重心更加靠近中间位置，而球拍的中间区域是触球的“甜区”，因此使用直拍握法的运动员可以更加细腻地衔接小球，有利于灵活控制台内的短球，并且在近台快攻上有优势。相应地，受到手腕关节的局限，反手球的质量会降低。

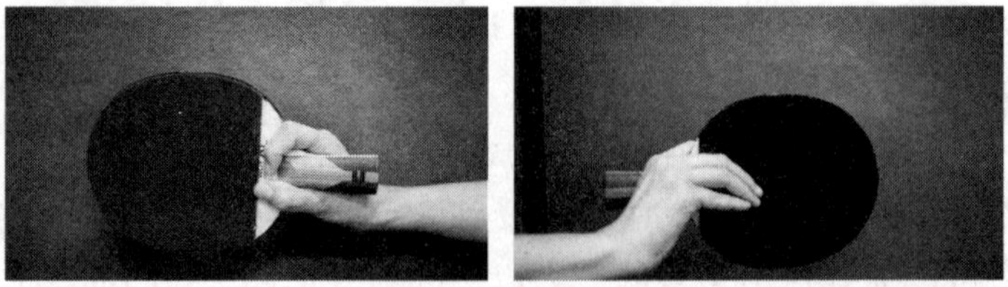

图 4.1　直拍握法(近景)

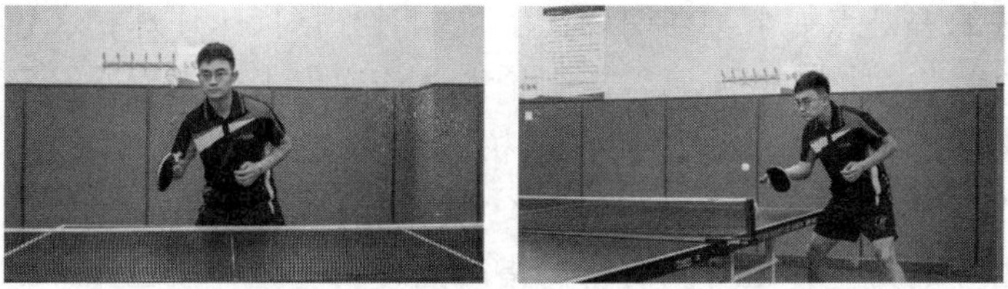

图 4. 2　直拍握法(远景)

总的来说，直拍握法中前面的拇指和食指主要负责调整拍形、转换击球方式，后面的三根手指主要起着辅助和支撑的作用。前后的配合要协调且密切，缺一不可，否则可能会出现球拍不稳定、乱晃、发力不顺等问题。其中，中指的作用很大，它是将击球的力量传递给球的关键手指，在发力的瞬间必须用中指发力顶住球拍的背面。除此之外，中指还是协调和控制拍形的支点。有趣的是，早期很多优秀的直板运动员的球拍背面，都被中指顶出了深深的凹陷，甚至表面的木层也出现了磨损，由此可见中指发力的重要性。

(2) 横拍握法。在 20 世纪 70 年代之前，防守型和攻守结合型的横拍是主流，有很多削球选手都采取了深握法。近年来，随着横拍弧圈球技术的不断发展和进步，大多数运动员都开始采取了浅握的方法。横拍握法适合正手和反手技术的发挥，可以提高球拍的控制力和旋转力，有利于各种技术动作的发挥。

具体的横拍握法如下。握拍手的虎口紧紧压住球拍的右上肩，中指、无名指和小拇指自然地握住拍柄，拇指放在球拍的正面并且轻轻贴在中指的旁边，食指自然伸直斜贴在球拍的背面。要注意，深握时，虎口紧贴球拍；浅握时，虎口轻微贴住球拍(图 4. 3 和图 4. 4)。

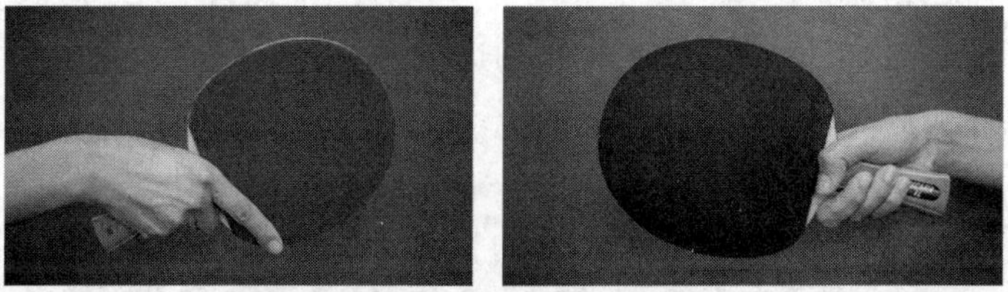

图 4. 3　横拍握法(近景)

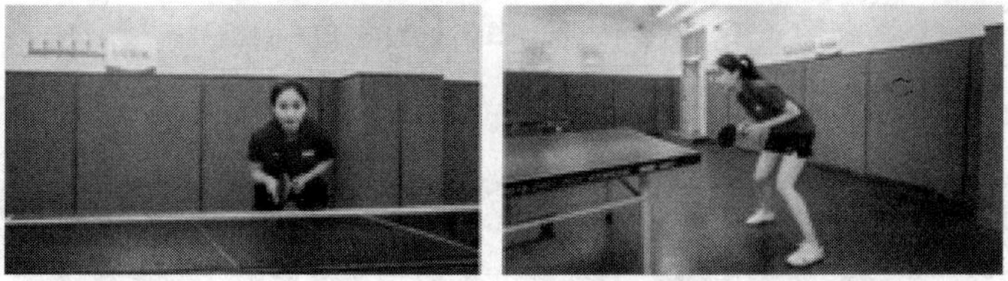

图 4. 4　横拍握法(远景)

横拍握法的关键点如下：在使用正手攻球时，食指压住球拍，以拇指的第一指节作为支点，与中指一同协调、控制拍形并传递出击球力量，甚至可以将食指略微向球拍的中部移动一些，以使其压拍的用力点与球拍正面的击球点更为接近。在反手攻球时，则是以食指的根部关节作为支点，然后拇指压紧球拍控制拍形并传递出击球的力量，也可同时将拇指向上移动一些，接近正面的触球点。需要注意的是，在握拍时，避免中指、无名指、小指和手掌将拍柄攥得过紧，否则会使我们手臂用力的传递不够敏锐、调节不够精细，从而影响击球的准确性，引发不必要的失误。与直拍相比，横拍的拍柄较长，所以用正手发球时为了加大手腕的灵活性，可以将原先握住拍柄的中指、无名指和小指挪到球拍的背面，与食指一起托住球拍，在发完球之后再迅速还原为正常的握法。瑞典的著名运动员瓦尔德内尔采用的就是这种方式。这样可以使正手发出来的球的旋转更强，相应的威力也越大。

总的来说，横拍握法使得球拍能够覆盖较大的区域，有助于运动员更好地回击不同方向的来球；而且握拍比较稳定，左右控球的范围也很大，正反手的进攻都比较好发力，非常适合打弧圈球。目前，世界上的高水平乒乓球运动员大多数使用的都是横拍握法。

二、基本站姿

不同打法特点的运动员在基本站位上也会有所不同。合理的站位不仅可以提高运动员接球时的反应速度和脚下的移动速度，还可以极大地提高运动员抢攻的成功率，从而提高击球质量。

根据距离我方球台底线的远近，站位可以分为近台、中台、远台站位（图 4.5 和图 4.6）。一般来说，进攻型打法的运动员会站在近台，而削球打法的运动员大多数会站在中台或者远台。

图 4.5　正手位近、中、远台站位（横板）

图 4.6　反手位近、中、远台站位（直板）

基本站位实际上指的是一个范围，而不是某个固定的点位，它需要根据运动员的个人技术特点及身体条件来决定。例如，两人同为弧圈球打法，侧身抢攻多的运动员的基本站位就比使用反手多的运动员略偏左一些。再比如，身材高大的运动员的基本站位通常离球台稍远一点。另外，我们的站位还要根据对方的打法来进行微调。如果对手是以削球为主的打法，其习惯的削球落点的长短必然影响我们基本站位的前后变化。如果自己是右手持拍，在比赛中遇到了左手持拍的对手，那我们的基本站位就要稍向中间移一些。

在这里，我们简单介绍一些常见打法的基本站位。以右手持拍为例，左推右攻打法的运动员的基本站位通常在近台中间偏左侧；弧圈球打法的运动员基本站位在中台偏左；攻削结合打法的运动员的基本站位在中台附近(图 4.7 和图 4.8)。

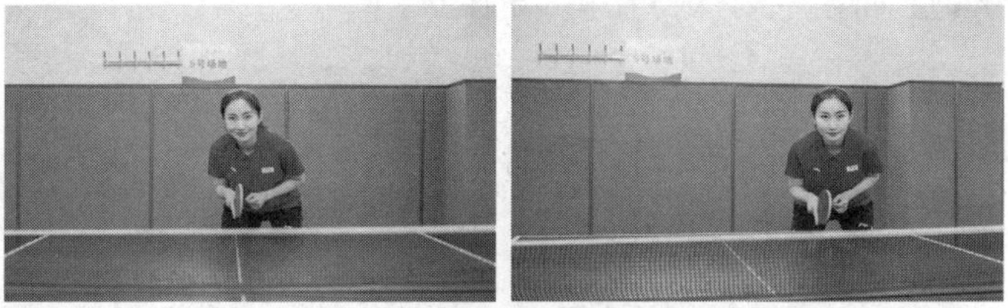

图 4.7　中线附近和中线偏左侧站位(横板)

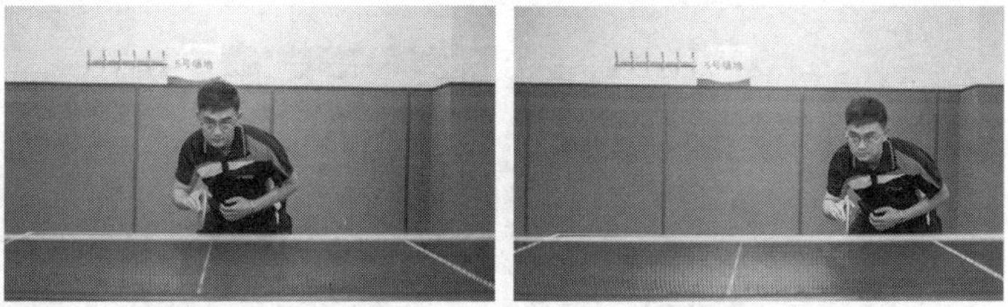

图 4.8　中线附近和中线偏左侧站位(直板)

三、基本准备姿势

在打乒乓球时，一定要注意保持恰当且合理的基本准备姿势，这样可以保证我们身体的迅速启动，快速找到舒服的击球位置，同时维持身体重心的相对平衡与稳定。正确的基本姿势可使我们全身的肌肉处于蓄势待发的状态，有利于我们提高击球的准确性和杀伤力(图 4.9 和图 4.10)。

具体动作要求如下。上肢略微往前倾，适当地含胸收腹。要注意，既不能站得过直、重心过高，也不能挺起腹部、全身松散。这些错误动作会极大地降低我们身体的灵活性，也会影响击球时向前的发力。持拍手的手臂自然弯曲，放置于身体右侧(如果是左手持拍，就放在身体左侧)。以右手持拍为例，持拍于腹前偏右侧，距离身体约30厘米。对于喜欢侧身抢攻的运动员，执拍手的位置应更偏向正手位。手腕要适度放松，但不能过于放松从而无力下垂形成“吊手腕”。两腿膝盖微微弯曲，要感觉到我们的身体对膝关节有适度的压力。微屈的双膝就如同弯曲的弹簧，可以随时弹起，而僵直的膝关节则缺乏弹性，难以辅助发力，并会显著降低脚底的移动速度。左脚稍站在前一点(以右手持拍为例)。两脚的前脚掌内侧着地，脚后跟略微抬起。这一点是与上体略微前倾相辅相成的，有助于身体的快速启动。两肩同高，肩关节放松，不要耸肩，未击球时也不要刻意沉肩。下颌稍向后收，两眼盯住来球。非持拍手自然放于腹前，与持拍手保持同高。要注意，无论做出何种击球动作，我们都要习惯于用这只非持拍手来辅助身体保持平衡。两脚开立，比肩稍宽。身体重心保持在两脚之间，但要注意，重心并不是平均分配，而是主要保持在稍靠前的腿上。

图 4.9　横拍击球的准备姿势(正、侧面)

图 4.10　直拍击球的准备姿势(正、侧面)

第二节　发球与接发球技术(发球以右手横板为例)

一、发球

发球是乒乓球比赛中每一分的开始，也是进攻的开始，一个好的发球能够给对手施加压力，掌控比赛的主动权。发球是乒乓球技术中唯一一个不受对方控制和影响的技术，它有很强的主观性，发球一方可以站在球台的任何位置，发出任何落点、线路、旋转的球，它可以帮助运动员最大限度地实现自己的既定战术。我们可以发现，在不是特别专业的乒乓球比赛中，发球好的人可以占据很大的优势，例如可以更好地设计发球抢攻，甚至直接让对面吃发球从而得分。

（一）发球的作用

① 打乱对手的节奏：一个好的发球可以打乱对手的预判和反应时间，让对手难以掌控比赛节奏。变化发球的长度、角度、速度和旋转等，可以迫使对手做出不同的应对动作，增加对手失误的可能性。

② 构建进攻机会：巧妙的发球可以为自己创造有利的进攻机会。例如，快速而低沉的发球可以迫使对手进行紧急回击，为自己的进攻提供更好的机会。

③ 提高自己的得分率：发球是得分的开始，一个好的发球可以让你更容易在比赛中获得主动权。通过技巧和变化，你可以利用发球直接得分，或者为下一步进攻打下良好的基础。

④ 调整比赛节奏和心理战术：在比赛中，发球可以用来调整比赛的节奏和心理状态。通过改变发球的方式，你可以迫使对手改变战术，或者把他们逼入不舒服的位置。

⑤ 破解对手战术：发球可以帮助你破解对手的战术。通过不同的发球方式，你可以迫使对手调整自己的战术或者限制他们的选择。例如，选择一个带有强烈侧旋的发球，可以减少对手使用正手进攻的机会。

⑥ 扭转比分和心理优势：一个出色的发球可以帮助你扭转比分和建立心理优势。通过用一系列迅猛和变化多端的发球击败对手，你可以改变比赛的势头并增加自己的自信心。

（二）发球技术的注意事项

我们可以把乒乓球的发球技术拆解为两个部分：抛球和挥拍触球。虽然发球的种类有很多，例如旋转可以有上旋、下旋、侧旋、逆旋和不转等，以及正手发球和反手发球，但是这些发球在技术上也是有一些共性的：

① 抛球是发球的第一步，稳定的抛球与后续的发球质量有很大的联系，所以抛球时要注意抛球的高度及上升和回落的路线稳定，千万不能往后抛，因为在比赛中往身后抛球可能会被判违例。

② 不同旋转的球有着不同的触球点选择，发长球时触球点要低一些，发短球时触球点要高一些。

③ 发球时，握拍手的虎口不能卡得过死，要保持一定的松弛度，这样可以方便我们手指和手腕的瞬间发力。同时，引拍动作要做充分。

④ 要注意球的第一落点，发长球时第一落点要靠近球台端线，发短球时第

一落点要靠近球网。

⑤ 在球拍触球的那一瞬间，球拍摩擦球的部位和发力方向要准确，尽量用相似的动作发出不同旋转的球，这样可以给对方带来更大的迷惑性。

⑥ 发球主要靠小臂和手腕发力，同时也不能忽略身体其他部位的配合，尤其是转腰发力这一部分。以右手持拍为例，正手发球时，身体的重心通常从右脚转移到左脚，反手发球则是相反的。

⑦ 每次做完发球动作后，要快速还原，准备后续的相持。切不能发完球在原地发呆或者去看对方有没有吃发球，这样会影响我们身体的衔接。

（三）常用的发球技术介绍

1. 正手平击发球

① 特点和作用。正手平击发球是一种旋转强度一般、速度中等的发球，它是很多乒乓球初学者最先学习的发球技巧，也是最基本的发球技术。它常用于单球训练。正手平击发球可以说是其他复杂发球的基础。

② 动作要点。

击球前：右手握拍，拍面略向前倾，左手的掌心托球，两个手臂自然弯曲，置于身体与球台之间，左脚在前右脚在后，大约距离球台 50 厘米。左手将球竖直向上抛起，右手手臂向身体右侧方后拉引拍的同时将身体的重心转移到右腿上。

击球时：当球从最高点下降至稍高于球网时，右手向身体的左前上方挥动，击球的中上部，同时将身体重心转移至左腿上。要注意，尽可能使球的第一落点落在本方球台的中段。

击球后：右手继续向左前方挥动，然后快速还原(图 4. 11)。

图 4. 11　正手平击发球示例

2. 反手平击发球

① 特点和作用。和正手平击发球基本相同，横拍选手相对于直拍选手更常用这种发球。

② 动作要点。

击球前：右手握拍，左手掌心托球，置于体前腹部位置。两脚平行站位或者右脚稍前一些，大约距离球台 50 厘米。左手竖直抛球，同时右手向身体的左后方引拍。

击球时：当球从最高点落下至快到球网时，右手从左后向右前上方挥动，击球的中上部。要注意，尽可能使球的第一落点落在本方球台的中段。

击球后：手臂继续向右前方挥动，然后快速还原(图 4.12)。

图 4.12　反手平击发球示例

3. 正手发下旋球(转与不转)

① 特点和作用。用极为相似的发球动作迷惑对方，可以发出旋转不同的球，通常称为“转不转”发球。由于旋转变幻莫测，所以给对手接发球带来了一定的难度，有时可以直接得分或者为第三板抢攻创造很好的机会。

② 动作要点。击球前，身体侧对球台，左脚稍前，右手握拍且拍面后仰，左手掌心托球，两臂自然弯曲置于体前腹部处。左手将球竖直抛起的同时，右手往身体右后上方引拍，手腕适当外展，然后身体重心转移至右脚。在球从最高点下落至稍高于球网时，收紧右手大臂，小臂和手腕随之加速向身体的左腹前下方发力，身体重心转移至左脚。在发强下旋时，尽量用球拍的下半部去摩擦球的中下部，并向球的底部摩擦，触球瞬间手腕和手指要有爆发力，加大摩擦力，尽可能增长球在球拍上停留的时间(图 4.13)。在发不转球时，手臂外旋幅度减小一些，减少拍面的后仰角度，用球拍中后部偏右的地方触球，击球的中部或中下部，减少向下摩擦球的力量，将球向前推出，使作用力线接近球心，从而形成不转球(图 4.14)。需要注意的是，加转下旋球的旋转应尽可能强烈，发不转球的假动作要尽可能逼真，这样可以更好地迷惑对手。

图 4.13　正手发下旋球示例

图 4.14　正手发不转球示例

4. 反手发下旋球(转与不转)

① 特点和作用。与正手发转与不转球相同，一般横拍选手更多地使用这种发球技术。

② 动作要点。右手持拍，拍面略微前倾，左手掌心托球置于体前腹部处，两脚平行站位或者右脚稍微靠前，距离球台大约 50 厘米。横拍选手手腕适当外展，直拍选手手腕适当内勾。在球从最高点下落至稍高于球网时，右手小臂加速向右前方发力，用球拍的下半部分去摩擦球的中下部或者底部。球与球拍的接触时间越长，发出去的球旋转也会越强(图 4.15)。如果用球拍的上半部分击球，则发出去的球就不会那么转(图 4.16)。在击球后，要注意收住挥拍动作，然后快速还原准备后续击球。

图 4.15　反手发下旋球示例

图 4.16　反手发不转球示例

5. 侧身位正手发左侧上旋、下旋球

① 特点和作用。这种发球同样以旋转的变化为主，这种球落在对方球台后会有明显的向左偏移。这种发球技术动作幅度很小，发球手法十分相近，但可以发出旋转完全不同的两种球。这种发球十分有利于发球抢攻，是比赛中十分常用的发球手法。

② 动作要点。左手竖直将球向上抛起，同时右手小臂向右上方引拍，直拍选手手腕做伸的动作，横拍选手手腕外展，腰部略向右侧转动。当球从最高点下降至接近球网高度时，右手小臂加速向左前方挥摆，直拍选手手腕做屈的动作，横拍选手手腕内收，然后腰部配合向左转，击球的中部并且向左侧上方摩擦，即为左侧上旋球(图 4. 17)。左侧下旋发球的动作方法与左侧上旋发球大致相同，区别在于：引拍向右后上方，手臂向左前下方挥摆，击球中下部向左侧下方向摩擦，触球点略高于侧上旋发球(图 4. 18)。需要注意的是，横拍运动员用正手发左侧上、下旋球时，可以将握拍柄的三个手指松开，以增加手腕的灵活性，这样手腕的发力会更加顺畅。如果对手接发球习惯保守，采用左侧上旋发球较利于占据主动。

图 4. 17　侧身位正手发左侧上旋球示例

图 4. 18　侧身位正手发左侧下旋球示例

6. 正手发逆侧上、下旋球

① 特点和作用。逆旋转发球是 20 世纪 90 年代末欧洲运动员布热夫斯基发明出的一种新的发球方式。其特点是动作隐蔽，出手迅速，发力协调，旋转较强而

富于变化，用正手发出的逆旋上、下旋球具有类似反手发球的性质，特别适合于反手强的选手发球后两面上手抢攻。对于接不好侧旋球的人而言，这种发球十分有威力，旋转极强。世界乒坛中，中国选手张继科和德国名将波尔最擅长逆旋转发球。萨姆索诺夫、施拉格、梅兹等欧洲高手也会在比赛中使用这一类发球。以王皓、许昕为代表的直拍选手会使用铲式逆旋转发球。这一类发球在女子选手中也有使用。

② 动作要点。在击球前，左脚站在前，右脚稍微靠后，引拍后肘关节抬起，手臂向内后上方引拍。在触球的瞬间，向右外侧摩擦发力，发侧上旋球时，接触球的左上部，向前发力(图 4. 19)；发侧下旋球时，接触球的中下部，向下发力(图 4. 20)。在击球后，手腕要内收并且快速还原，准备后续的衔接。

图 4. 19　正手发逆侧上旋球示例

图 4. 20　正手发逆侧下旋球示例

7. 下蹲(砍式)发球

① 特点和作用。以多变的旋转为主要优势，横拍运动员主要采用这种发球技术。下蹲发球属于上手类发球，其摩擦球的部位和方向与下手类发球是不同的，因此发出的球在落到对方的台面时，反弹的方向也不同于一般的下手类发球。在目前的乒乓球比赛中，下蹲发球已很少见，所以偶尔使用往往会令对手感到不适，尤其关键时刻会起到意想不到的效果。但是下蹲发球也有一定的劣势，例如重心起伏过大、不宜快速还原等。

② 动作要点。

正手下蹲发右侧上旋球：左脚略微靠前或两脚平行站立，身体略微向右偏斜。左手将球竖直抛起，同时做下蹲姿势，右臂上举，高度比肩略高，手腕保持外展，拍面方向略微向左偏斜。当球从最高点下降至与网同高或稍高于球网时，小臂加速从左向右前方挥动，手腕同时做内收动作，击球的中部并且向右侧上部摩擦(图 4. 21)。

反手下蹲发左侧上旋球：两脚平行站立，身体正对球台。左手将球竖直向上抛起，同时做下蹲姿势，右臂向右下方引拍，手腕保持外展。当球从高点下降至与网同高或稍高于球网时，小臂加速从右下方向左前上方挥动，手腕同时做内收动作，击球的中部并且向左侧上方摩擦(图 4. 22)。

图 4. 21　正手下蹲发右侧上旋球示例

图 4. 22　反手下蹲发左侧上旋球示例

(四) 发球训练的注意事项

(1) 我们都知道发球的旋转越强，对手接发球的难度越大。因此，掌握好摩擦的感觉对提升发球技术有着至关重要的作用。不论什么发球，都要先找到充分摩擦的感觉。

(2) 掌握的发球技术需要全面。我们可以根据个人的技战术风格和优势去选择几种发球技术加以练习，既要防止发球单一，又要避免全面不精的偏科情况。例如，左推右攻打法的运动员要精练发急球、急下旋球，以利形成快攻；弧圈打法的运动员要精练“转不转”发球和侧上、下旋发球，以便于后续抢拉；削攻结合的运动员要精练“转不转”发球，以控制对方的进攻。

(3) 要善于将已掌握的发球技术配合成套使用。例如，发侧上旋球与侧下旋球相配合，发加转下旋球与不转球相配合，发斜线球与直线球相配合，发长球与短球相配合，等等。

（4）发球要为后续的抢攻服务。掌握发球之后对方的回球规律（包括旋转和落点变化的规律），进而根据双方的技术特点和水平，将发球与抢攻密切结合起来。

二、接发球

从前文发球技术的介绍中，我们可以感受到随着乒乓球技术的发展和进步，越来越多且越来越新颖的发球技术被开发出来，而且这些技术在比赛场上起到了很大的作用。因此，接发球技术也必须随之发展与进步。然而，不可否认的是，下至业余爱好者上至专业的国手，接发球是他们都比较不好处理的一个环节。接发球是被动的，不仅要准确判断对方的发球，脑子要反应迅速，而且要及时根据对方发球的旋转、落点的变化，迅速确定自己的拍形和接发球手法。一局比赛中大概要接 10~15 次对方的发球，如果接发球质量高，那么可以给整个比赛带来先机，还能极大地增强自己的自信，从而更敢打敢冲；如果接发球质量不高，那么除了直接失分外，还会影响自身战术的发挥，从而变得畏首畏尾。

简单来说，接发球的要求如下：

保证接发球上台：如果我们接发球直接下网或者出界，那就是吃发球，会让对方直接得分，这种情况一定要避免。如果我们可以保证接发球上台（虽然可能接得质量不高），那么对方就有失误的可能性，对于我方来说，就还有得分的机会。

球的弹跳要低：先不考虑我们接过去的旋转，球只要弹跳低，对方就不容易有较高质量的抢攻。那么相反，如果我们回球过高，就很容易被对方轻而易举地进攻，并且这种球一般力量大、速度快、旋转强，会让我们不好防守。

接发球要旋转强、落点刁：这种接发球带有很强的攻击性，可以给对方回球带来更大的难度，对方将很难直接上手，可能会直接失误或者回击的球质量很低，这样我们就可以抓住机会主动抢攻。

（一）接发球站位选择

合理的接发球站位有利于提高接发球成功率和质量。

1. 根据对方的发球位置决定我方站位

以右手持拍为例，若对方站在他的正手位发球，那么大概率会发出右方直线或右方斜线。因为右方斜线来球的角度会比较大，所以接发球时最好站在球台中线偏右一些。如果对方用反手或者在球台左方发球，那么我们的站位应该在中线偏左一些。

2. 根据自身习惯决定我方站位

常用正手进攻的运动员一般会站在球台左角接发球，因为这样方便他们直接侧身抢攻或者抢拉。左推右攻打法和两面进攻打法的运动员通常站在中线偏左的位置，方便正、反手的进攻。攻守结合或者削球打法的运动员一般喜欢站在中线附近且离台稍远，方便接发球时控制球的旋转和落点。

3. 根据对方的战术特点决定我方站位

有的对手喜欢打相持球，所以喜欢发底线长球，所以我方站位要离台稍远，但要注意对方突袭台内短球；有的对手喜欢主动抢攻，就以发短球为主，我方站位就要离台稍近些，但要防备对方以长球偷袭。对于左手持拍的运动员，我们要站得比平时略偏右，以防斜线大角度来球。

（二）判断对方发球

由于接发球是被动的一方，发球方可以主动改变来球的旋转、速度、落点和力量等，因此给我方接球带来一定的难度。所以要想接好对方的发球，就一定要判断对方发球的球性，只有正确判断，才能选择相应的回击方法。

1. 判断旋转

乒乓球发球中有很多种旋转，包括左侧上、左侧下、右侧上、右侧下、纯下旋、不转、逆旋转等。我们可以通过以下几个方面来判断对方发球的旋转特点。

① 注意拍形。观察对方乒乓球拍的拍面和拍子的角度，对方可能会做一些微妙的变化来隐藏发球方向。例如，拍面稍微朝下可能表示要下旋，而稍微朝上可能表示要上旋。

② 动作轨迹。一般来说，在发上旋球和不转球时，球与球拍接触的一瞬间，手腕的摆动幅度一般不会很大，并时常与假动作相配合。在发侧下旋球和下旋球时，手腕的摆动幅度会相对大一点，也会加假动作，但是动作不会像发侧上旋球和不转球那样连贯。

③ 观察球弧线。上旋和不转的球运行速度一般比较快，有一种往前“拱”的感觉。发短球时弧线会比较低而且第一落点靠近球网；发下旋时，球的弧线略高但是比较沉。

④ 注意击球的声音和弹球的高度。上旋球会产生更高的弹起和更明显的声音；下旋球则相反，会产生较低的弹起和轻微的声音。

⑤ 反应和经验。通过经验和反应来判断对方的发球旋转。在与对手的对局中，经常练习并观察他们的发球，可以帮助我们更好地判断旋转。

2. 判断落点和速度

观察拍面方向和挥臂方向：对方如果发斜线球，拍面方向会侧偏斜，手臂会向斜前方挥动。对方如果发直线球，拍面方向则向前，手臂由后往前挥动。

观察发球时摆臂的振幅大小和手腕用力程度：注意对方的身体姿势和手臂的运动，一般来说，如果对方的身体动作和手臂挥拍的速度大，那么发球的速度很可能也会比较快。

（三）接发球的方法

一般来说，接发球的基本方法是由点、拨、带、拉、攻、推、搓、削、摆短、撇等各项技术综合组成的。不过，对于已经熟练掌握了上述接发球方法的优秀运动员来说，就可以根据自己技术打法的特长和战术的需要，打破一般接发球的规律去回接对方的任意来球。因此，要提高接发球技术，做到对对方各种发球的回接都得心应手，就必须提高各项基本技术。下面介绍的是一般接发球的规律和基本的回球方法。

1. 挑接

挑接主要包括反手的拧拉和正手的挑打，是常用的接短球的一种技术手段。从国内外比赛中的实际应用情况来看，反手拧拉主要是横板运动员在使用，这和直板不利于反手进攻有一定的关系。挑接的基本动作要领是：当对方的发球即将过网时，手伸进台内；与此同时，根据来球的方位不同，选择不同的脚向前跨步。以右手持拍为例，如果是正手短球就上右脚，如果是反手短球就用反手拧拉。在来球的高点期击球的中后部，以小臂发力撞击球为主，但是在击球一瞬间，手腕也要适当给球一点摩擦，以保证球的弧线。挑接是接短球的一种比较主动的方法，运用得好，可以变被动为主动，转入进攻。在一些不那么专业的比赛中，我们可以发现，大多数乒乓球爱好者还是喜欢选用搓接的方式。适当增加挑接的训练比重，可以让我们找到更多进攻的机会。

2. 搓接

搓接和挑接一样，多用于接短球，是一种相对保守的接球手段。不提倡长球用搓接，这样相当于把进攻的主动权交给了别人。由于搓球的动作小、出手快、隐蔽性强，在长期的运用实践中，运动员根据自身特点对这一技术进行了很细致的分化，有摆短、劈长、晃撇等。

① 摆短。摆短是快搓球的一种精细的技术，该技术最大的特点就是出手速度快、突然性强，而且回球的落点也靠近球网，这样可以有效限制对手的拉、攻上手。需要注意的是，在用摆短接发球时做好以下三点：在球的上升期接触球的中下部；手臂离身体稍近，保证接球的稳定性；手臂不要过早伸入台内，要有节奏感。

② 劈长。劈长通常是和摆短相互配合运用的快搓球技术，它主要以速度和突然性取胜。在劈长时，手法要尽可能与摆短相似，以小臂发力为主，手腕的摆动不要过大，以免影响手上的感觉。在练习时，初学者要注意体会在来球的上升期将球送出去的感觉。

③ 晃撇。晃撇一般是站在侧身位，用正手搓出侧旋球、斜线球，常用来接短球，与侧身挑直线技术配合运用，可以使对手不敢轻易侧身。接发球时，最好能够在来球的最高点击球，球拍触球的后中下部，手腕略有外展，向左侧前下方摩擦球，使球带有左侧下旋，落台后向外拐，让对手不容易接球。

在以上介绍的搓接技术中，初学者应先掌握好快搓和慢搓的基本技术，待熟练后，再根据自己的特点和实际情况灵活变化。

3. 拉接

拉接一般是用来对付长球的方法。在拉接中，要特别注意第一时间与第二时间的本质区别。手低于台面接触球，一般情况下就可以认为是第二时间；手高于球台或基本与球台保持在一个水平面时，可认为是第一时间，在这个时间点拉接，方便我们发力，可以保证一定的准确性。在第二时间接触球时，就需要进行适当的调整，在力争压低球弧线的同时，通过落点的变化来控制对方。初学者在开始练习拉接时，一定要多注意练习在第一时间拉球，以体会身体发力击球对旋转的感觉，待水平达到一定程度后，再有意识地练习第二时间拉接的感觉。

4. 攻接

攻打在接发球技术中是一项难度比较大的技术，主要用来对付长球。由于现代乒乓球技术竞技中，发球的旋转越来越强，突然性和速度也今非昔比，给攻打技术的运用造成了极大的困难。因此，在比赛中，运动员接发球时使用攻打的频率已经很低。然而，不能因为难度大就放弃不练，毕竟攻打作为乒乓球接发球的一项主要技术，其在比赛中的作用是显而易见的，可谓难度大，威胁更大。

5. 接半出台球

在这里要特别强调的是加强接半出台球的意识和胆量问题。运用技术的基本原则是能拉接，不要搓撇；能挑接，不要搓撇。否则，将会非常被动。在运用拉接技术时，手臂向球台靠近、抬高，击球点一般在台面以上，重心提起来并且前移，以小臂和手腕的突然向前发力为主，身体的幅度不能过大，有点近似于拉小前冲。半出台的球的落点相对短球比较长，也可能会出台，并且比较顶，在运用挑接时，要注意给球一定的力量，以克服来球的旋转，达到挑接的目的。

第三节　进攻技术

一、正手攻球技术

（一）正手快攻

1. 特点和作用

正手快攻具有离台近、出手快、动作小、方便借力等特点，可以结合落点的变化调动对手的身体，然后为我方的主动进攻创造条件。

2. 动作要点

首先，在击球前，左脚稍微靠前站立，身体距离球台大约 50 厘米。当对方的来球即将落至我方台面时，小臂外展，将球拍后引至身体右侧稍后的位置。当来球从台面弹起时，大臂带动小臂向左前上方快速挥动，并配合小臂内旋的动作使拍形前倾，在球的上升期击球的中上部。注意，在击球过程中，身体的重心从右脚移至左脚，以腰部带动大臂，大臂带动小臂。最后，在击球后，球拍继续挥至头部高度，然后迅速还原成击球前的准备姿势，准备下一板的击球（图 4. 23 和图 4. 24）。

图 4. 23　横拍正手快攻示例

图 4. 24　直拍正手快攻示例

（二）正手杀高球

1. 特点和作用

正手杀高球的动作幅度大、力量大、球速快，威胁性极强，通常是在回击半高球或者高球时使用，是比赛中常见且重要的一种得分手段。

2. 动作要点

左脚稍微在前，身体离台较远，大约在中远台的位置。手臂内旋使得拍面前倾，整个手臂随着腰的向右转动而尽量向身体右后方引拍，以增大球拍与来球的距离，最大限度地发挥击球的力量。在击球时，随着右脚蹬地转换重心和腰、髋向左转动，整个手臂先由后下方向前上方挥摆，身体重心逐渐上升并开始向左脚转移，随后手臂加速向左前下方挥动，腰、髋同时配合发力，拍面前倾击球中上部(图 4.25 和图 4.26)。

杀高球有快杀和慢杀之分。当来球从高点期稍下降后才出手击球为慢杀，特点是相对稳健，且能够集中全身之力。在来球刚跳起时的上升期触球为快杀，快杀可以使击球节奏突然改变，可让对方措手不及，但是这种方式也容易失误。

图 4.25　横拍正手杀高球示例

图 4.26　直拍正手杀高球示例

（三）正手快带

1. 特点和作用

正手快带是一种直拍快攻型打法中常用的技术，它主要用于对付弧圈球。正手快带技术的关键在于，运动员在正手位采用正手攻球动作，同时利用来球的力量或适当的力度，通过腰部的转动来击球，从而将球带回到中场。正手快带的优点包括速度快、弧线低以及落点变化多，这些特性有助于减少对手连续拉出强烈弧圈球的难度，并为本方创造机会从被动转为主动。

2. 动作要点

左脚稍前，站在近台位置，大约离台 40 厘米。手臂自然弯曲，通过小臂的内旋使拍面前倾，将球拍引至身体右侧的前方。然后在来球处于上升期时进行击球，拍面前倾，球拍高于来球，在球的中上部区域击球。利用腰和髋部的转动，结合手臂的迎前带击，使得动作过程中身体重心从右脚转移到左脚。击球后，手臂继续向前随势挥动，迅速还原成击球前的准备姿势(图 4. 27 和图 4. 28)。

需要注意的是，正手快带不应该过于依赖爆发力，而应借力打力，确保击球的稳定性。此外，这项技术的应用通常是作为一种过渡技术，用于从相持阶段或被动的防守状态转变为积极的进攻。在实际比赛中，运动员应该根据来球的旋转强度和速度来决定是否使用快带技术。

图 4. 27　横拍正手快带示例

图 4. 28　直拍正手快带示例

(四) 正手中台攻

1. 特点和作用

正手中台攻的站位稍远，可以顾及的范围较大，主动发力击球，力量大、球速快，动作大，回球落点在对方底线附近。在相持中配合力量和落点的变化可以争取主动或者直接得分，有时在身陷被动时也可以使用该技术反击。

2. 动作要点

站位左脚稍前，距离球台约 70 厘米。手臂自然弯曲并内旋，使拍面接近垂直。随着腰和髋往右转动，手臂大幅度向后移动将球拍引至身体右后方。当来球落到我方台面弹起至下降前期，大臂带动小臂同时加速向左前上方挥动，腰、髋向左转动配合发力，拍面接近垂直击球中部并向上摩擦。完成击球后，手臂继续向左前上方随势挥动，然后迅速还原成击球前的准备姿势(图 4. 29 和图 4. 30)。

图 4. 29　横拍正手中台攻示例

图 4. 30　直拍正手中台攻示例

二、反手攻球技术(包含直拍横打技术)

(一) 反手快拨

1. 特点和作用

反手快拨技术动作小、出手速度快、线路多变灵活，可以借助对方来球的反弹力量进行还击，但是缺少一定的突然性和攻击性，多为横拍选手用于对付比较强烈的上旋球或者用于连续相持。

2. 动作要点

两脚平行站立与肩同宽，两膝微微弯曲，重心在两脚之间，站在近台区域附近。手臂自然弯曲并外旋使得拍面前倾，手腕内收做屈，将球拍引至腹前偏左的位置。待来球跳起至上升期，右肘关节向前平移，之后以右肘关节为轴，小臂、手腕、手指向右前方挥动。拍面稍前倾击球的中上部，触球瞬间手腕外展，身体重心转移至右脚。击球后，右小臂、手腕、手指继续向右前方顺势挥拍，然后注意还原(图 4. 31 和图 4. 32)。需要注意的是，球拍和来球的距离不能太近，否则会影响发力。

图 4. 31　横拍反手快拨示例

图 4. 32　直拍反手快拨(直拍横打)示例

(二) 反手弹击

1. 特点和作用

反手弹击也叫反手敲或者反手弹打，是应对半高球和高吊弧圈球的一种回击技术，也是反手常用的技术之一。反手弹击的球好像弹丸离弓，突然加速，可以令对手猝不及防，往往直接得分。

2. 动作要点

反手弹击的动作方法同快拨比较类似，但是拍形不同，横板和直板均可使用。拍形略前倾，横拍的拍头要抬起，直拍要把拍子端平。当来球从台面弹起时，手臂弯曲迎前，手腕迅速内屈，使拍面与球台端线平行，在来球的高点期，小臂自然向前伸展，手腕用力外伸、抖动，以垂直或稍前倾拍形撞击球的中上部(图 4. 33)。需要注意的是，在来球的最高点击球，主要靠身体的小臂和手腕发力，击球时把身体重心提起来，在左胸前击球，肘关节要沉下来，保持平稳，这样才能提高弹击的命中率。

图 4.33 直拍反手弹击(直拍横打)示例

(三) 反手扣杀

1. 特点和作用

反手扣杀的动作幅度大、出手速度快、力量大、攻击性强，对对方有较大的威胁性，有时可以直接得分，是还击反手位半高球的有效方法。

2. 动作要点

右脚稍微靠前，站位在中远台附近。腰、髋向左转动，大臂和小臂尽可能向左后方引拍，以便拉开球拍与来球间的距离，引拍应稍高。当来球跳至高点期时，腰、髋向右转动，肘关节内收，大臂带动小臂在身前横摆，向前向下方加速挥动，拍面稍前倾，击球的中上部，触球瞬间发力要集中，手腕控制拍面角度以提高击球的命中率(图 4.34)。

在使用反手扣杀时，要注意：

(1) 切勿等来球跳至最高点时才击球，以免影响力量的集中和命中率。

(2) 要根据来球的长短决定球拍与来球间的距离，对较近网的半高球，不必向后引拍。

(3) 反手扣杀应该以上台为主，不要太追求一板打死，过于凶狠会导致动作变形从而失误。

(4) 反手扣杀的力量不如正手大，而且也不容易掌握，因此在来得及的情况下还是要以正手扣杀为主。

图 4.34 横拍反手扣杀示例

（四）反手快带

1. 特点和作用

反手快带的特点和作用与正手快带相同，因此不再赘述。

2. 动作要点

两脚接近平行站立，靠近球台。当对方来球刚过球网时，向腹部引拍，引拍程度不要过大，以免影响击球时间。当来球跳至上升期时，借助腰、髋的转动，小臂迅速伸入台内迎前带击，手腕保持相对固定不宜发力，球拍应略高于来球，击球的中上部，以借力还击为主，有时也可根据来球旋转的强弱适当加力（图 4.35 和图 4.36）。

图 4.35　横拍反手快带示例

图 4.36　直拍反手快带（直拍横打）示例

第四节　推挡技术

推挡技术是我国直拍快攻打法的基本技术之一，特别是在左推右攻打法中占有极其重要的地位。推挡球包括加力推、减力挡、快推、推挤等。推挡的特点是站位近、动作小、落点多变、速度快并具有一定的力量，在比赛中通常可以主动调动和压制对方，为自己的正手攻和侧身攻创造机会，在被动和相持时还可以起到积极防守及从相持转主动的作用。

在运用推挡技术时，通常的身体站位和准备动作如下：根据运动员身材的不同，站位离台 40~50 厘米，大多在球台左半台的 1/3 处。两脚开立，比肩略宽，左脚略微在前或两脚平行。上身略微前倾，身体重心在两脚之间，双膝微屈。拍面呈半横状，拍形近于垂直，握拍时食指稍用力，拇指放松，大臂和肘部自然靠近身体的右侧，大臂与小臂的夹角约为 100 度，肩部保持放松。

(一) 加力推

1. 特点和作用

加力推的回球力量大、球速快，能抑制住对方的进攻，通常可迫使对方离台而陷于被动防守的局面。加力推与减力挡配合运用，能更有效地控制对方，争取主动。加力推一般适用于对付速度较慢、旋转较弱的上旋球或力量较轻的攻球及推挡。

2. 动作要点

右手手臂自然弯曲，拍面角度略微前倾，大臂后引，前臂提起，肘关节贴近身体，球拍离球台较高，将球拍引至身体的前上方。当球起跳至上升后期或者高点期，大臂、小臂、手腕加速往前下方推压，腰、髋向左转动配合发力，拍面前倾击球的中上部。击球后，手臂、手腕继续向前下方顺势挥动，然后注意动作的还原(图 4. 37)。

图 4. 37　直拍加力推示例

(二) 减力挡

1. 特点和作用

减力挡的力量轻、落点短、节奏变化快，能起到干扰和调动对方的作用。多在加力推或正手发力攻迫使对方离台后使用，可调动对手使其前后移动，为自身的抢攻创造机会。

2. 动作要点

手臂保持外旋，拍面略微前倾，与加力推不同的是，减力挡不需要手臂向后引拍。身体重心略微升高，小臂稍收使拍面略高，置于身前。当对方的来球刚刚弹起时，随即击球的中上部，借力回击，球拍触球的一瞬间手臂和手腕稍微向后收，以缓冲球撞击拍的力量(图 4. 38)。

图 4. 38　直拍减力挡示例

(三) 快推

1. 特点和作用

快推的站位近、动作小、借力还击、速度快且线路落点灵活，非常适用于回击一般的拉球、推挡球、中等力量的攻球。快推在相持中可以发挥回球速度快的优势，推压两大角或袭击对方空当，为自己的进攻创造条件，同时也具有一定的威胁性，有时可以直接得分。

2. 动作要点

右手臂自然弯曲，大臂和肘关节内收，自然靠近身体右侧，球拍置于身体前方，小臂与台面保持平行。当对方的来球起跳至上升期时，食指用力且拇指放松，用小臂和手腕迅速向前略向上的方向推出去。以小臂和手腕的发力为主，并适当借力(图 4. 39)。在击球后要注意身体的快速还原。

图 4. 39　直拍快推示例

(四) 推挤

1. 特点和作用

推挤的回球弧线低、角度大且带有侧下旋。因为可以主动改变球的旋转性能和变化角度，故增加了对方回球的难度。与此同时，由于触球部位是来球的旋转弱区，所以推挤也常用来对付弧圈球。

2. 动作要点

拍面保持前倾，大臂和肘关节略微向后引，小臂上提将球拍引至身体的前上方。当对方的来球跳至上升期时，拍面稍前倾击球的左侧中上部，小臂和手腕向左前下方用力推挤。与此同时，腰部与髋关节向左转动配合手臂的发力。击球后，手臂和手腕继续向左前下方随势挥动，然后身体迅速还原(图 4. 40)。

图 4. 40　直拍推挤示例

第五节　弧圈球技术

弧圈球是乒乓球技术中的一种，它是一种能将速度、力量和旋转结合在一起的进攻技术。这种技术的特点是：球在飞行过程中表现出显著的弧线，可以给对手带来较大的接球难度。弧圈球不仅具有强大的进攻性，还保持了很高的稳定性和准确性。在比赛中，弧圈球常被用来打破对手的防守并给对方造成压力，适合在中远台进行攻击。根据击球的方位，弧圈球可以分为正手弧圈球和反手弧圈球，进一步可以细分为加转弧圈、前冲弧圈、侧旋弧圈等多种类型。此外，弧圈球是通过摩擦球体产生旋转，从而改变球的运动轨迹的技巧，它在空气中飞行时能减少空气阻力，使得球在对方场地产生更强的弧线轨迹。弧圈球的第一弧线运行较慢，第二弧线下坠快、回球反弹冲力大。以弧圈球为核心技术形成了直拍、横拍多种弧圈球打法。弧圈高手比比皆是，如德国的波尔、希腊的格林卡、白俄罗斯的萨姆索诺夫，以及我国的王励勤、马琳、王皓、马龙、樊振东、许昕，韩国的柳承敏、吴尚垠等，都以拉弧圈球见长，成为世界乒坛超一流选手(部分选手已退役)。

(一) 正手加转弧圈球

1. 特点和作用

正手加转弧圈球上旋强，第一弧线较高，运行速度较慢，第二弧线反弹下坠，向下滑落快，不利于对方识别落台点及飞行轨迹，使得对方无法掌握回球的节奏、时间、拍形，有时能直接得分或为拉前冲弧圈制造机会，通常在接发球、对削、搓、挡、攻以及接出台的下旋球时运用。

2. 动作要点

两脚自然开立，两膝内收微曲，重心置于前脚掌内侧。左脚略微在前，略提脚后跟，身体略向右转，手腕外展向后拉，拍形成立状。然后引拍至身体的右后方，当对方的来球跳至高点期或下降前期时，触球的中上部或中部，腰和髋带动大臂、小臂从后向前挥动，击球的瞬间立即向前上方发力给予摩擦，右脚掌内侧用力蹬地，小臂要迅速旋内收缩，协同摩擦，重心由右脚转向左脚(图 4.41 和图 4.42)。

图 4.41　横拍正手拉加转弧圈示例

图 4.42　直拍正手拉加转弧圈示例

3. 注意事项

(1) 新手在练习时通常会出现漏球的情况，或者拍边击球，找不准击球点。所以在上台前要多做徒手练习，牢记动作的要领，逐步体会手、腰、髋、腿的配合和肌肉感觉，产生手感。

(2) 拉弧圈球时是先打后摩，又打又摩，以摩为主，两者缺一不可。因此，手臂不能伸得太直，引拍不能过低，拍形前倾角度不能过大，向上发力时也要向前发力，以免造成漏球、击球时间迟、发力效果差等问题。

(3) 手腕一定要先向后伸，触球的瞬间向前打击球后向上摩擦，在增强爆发力的同时起到微调的作用。

（二）反手加转弧圈球

1. 特点和作用

反手加转弧圈球同正手拉加转弧圈球比较，弧线、反弹特点基本相同，但是受身体的限制，回球速度稍慢，力量、旋转稍小。主要用于接下旋发球、发球抢拉、搓中转拉等。

2. 动作要点

站在球台左侧，身体距离球台约 60 厘米。两脚平行站立，身体重心落在双脚，双膝微屈，收腹，腰和上身略向左转，小臂自然弯曲置于腹前。手臂带动手腕引拍至腹部左侧下方，肘关节略向前，屈手腕，球拍下垂，拍形稍微前倾。重心先放在左脚，在球的下降前期触球的中上部，触球的瞬间脚用力蹬地，腰和髋带动手臂向前上方发力，球拍撞球后给予摩擦，重心上提并转至右脚(图 4.43 和图 4.44)。

图 4.43　横拍反手拉加转弧圈示例

图 4.44　直拍反手拉加转弧圈示例

3. 注意事项

（1）在引拍时，球拍向后不要拉得过多，肘部不要距离身体太近，否则不利于挥动前臂发力。

（2）直拍反手拉弧圈时注意三指上移一些以空出较多拍面，手腕内屈，然后向前上方迅速转动摩擦。

（三）正手前冲弧圈球

1. 特点和作用

正手前冲弧圈球上旋强，第一飞行弧线又低又长，球的前进速度很快，第二弧线下坠比加转弧圈球更低更快、杀伤力大，是得分的常用技术。是对付发球、接球、削球以及在相持中最常用、最有效的进攻技术。

2. 动作要点

基本姿势和拉加转弧圈球相同，但区别是身体重心要提高一些。引拍时，球拍与球同高或稍低于来球，大臂带动小臂向右腰部侧后方展开，拍形前倾，在高点期或上升后期摩擦球的中上部，腰从右往左转动带动大臂、小臂和手腕，由后向左前方发力，配合略向上的摩擦，然后重心前移转至左脚（图 4.45 和图 4.46）。

图 4.45　横拍正手拉前冲弧圈示例

图 4.46　直拍正手拉前冲弧圈示例

3. 注意事项

（1）正手拉前冲弧圈球时，引拍的后拉幅度要小一些，拍形稍微前倾，在球的上升后期高点击球，多运用腰、髋、小臂发力。建议先掌握好拉弧圈球的基本方法，然后再根据来球的性能变化，调整动作、拍形、击球时间和触球部位。

（2）注意腰、髋、身体重心的调节以及脚下的步法移动，有时对方来球可能会追身，需要我们快速让出一定的空间。

（四）反手前冲弧圈球

1. 特点和作用

反手前冲弧圈球的特点和作用同正手前冲弧圈球。

2. 动作要点

两脚自然开立，右脚靠前，重心置于左脚，上半身略微左转，手臂自然弯曲，肘关节略近身，手腕内收，引拍时小臂外旋拉向身体的左后方，拍形保持前倾。球起跳于高点期或上升后期触球的中上部，腰和髋从左往右前上方转动，大臂带动小臂，以小臂为主加速向前略向上摩擦。球拍撞球后，手腕向前发力给予摩擦，身体重心由左脚转至右脚(图 4.47 和图 4.48)。

图 4.47　横拍反手拉前冲弧圈示例

图 4.48　直拍反手拉前冲弧圈示例

（五）反拉弧圈球

反拉弧圈球多为正手使用，有些反手能力比较出色的运动员(如樊振东)偶尔也会使用反手反拉弧圈球技术(图 4.49 和图 4.50)。反拉弧圈球技术通常用于对付弧线略高、球速较慢的弧圈球，如果对付来球的速度很快且有很强的前冲性，则反拉的难度就会大大增加。其动作原理和正、反手拉前冲弧圈球类似，区别在于：

(1) 注意身体重心不能过低，尽可能站起来一些，引拍时，手要适当抬高，不要下沉，因为来球带有强烈的上旋，如果手放得过低，就很难在合适的时间接触到球，就会出现漏球的情况。

(2) 在高点期或下降前期摩擦球的中上部且偏右一些，以避开来球的强旋转区，这样可以减少反拉的难度。在近台快速反拉时也可摩擦球的顶部。

(3) 找到摩擦和撞击有机结合的感觉。拍面略微前倾一些，这样摩擦较薄，撞击以向前发力为主，略带向上摩擦，强调主动发力摩擦以克服对方旋转。

(4) 要灵活运用手腕，击球的瞬间手腕要有一个快速的内收动作，但内收幅度不要过大，以抵消来球给球拍造成的强烈由下向上的反作用力，避免反拉出界。

(5) 反拉时要注意把握球的速度和节奏，以增强反拉的命中率，减少无谓失误。

图 4.49　横拍正手中远台反拉示例

图 4.50　直拍正手中远台反拉示例

第六节　搓球技术(以右手横板为例)

搓球是一项过渡性的技术，特点是动作小、弧线低、落点活、旋转变化多等。搓球也称铲球，近似削球，也称小削板，是近台还击下旋球的一种技术。一般在左半台使用较多，可以牵制对方的攻势，并为抢攻或抢拉创造机会。可以通过旋转、落点和速度的变化来提升搓球的威胁性，给对方回球制造一定的困难，为自己抢位或者抢攻制造机会。搓球可以分为慢搓、快搓、摆短以及劈长，掌握好各种搓球的打法，并且在对战时选择合适的技巧，可以帮助我们在比赛中出奇制胜拿下比分。

(一) 慢搓

1. 特点和作用

慢搓的动作幅度较大、回球速度慢、主动发力回击，有利于增加搓球的旋转强度，也是学习其他搓球技术的基础。慢搓一般适用于回接旋转较强、线路稍长的来球。在对搓中，快慢搓结合起来，可以变换击球节奏，牵制对方。

2. 动作要点

(1) 正手慢搓。右脚稍前，站位近台。手臂外旋使得拍面后仰，小臂向右后上方引拍，当对方的来球起跳至下降前期时，小臂带动手腕加速向前下方用力摩擦球的中下部。击球完成后，注意身体的还原(图 4.51)。

(2) 反手慢搓。左脚稍前或者平行站立，站位近台。其他要点同正手慢搓相同，但是方向相反(图 4.52)。

图 4.51　正手慢搓示例

图 4.52　反手慢搓示例

3. 注意事项

要善于根据对方的来球情况调整拍形、触球部位和发力方向。要注意手腕和小臂的协调配合发力，切忌发力分散。

(二) 劈长

1. 特点和作用

劈长的球速快、线路长、突袭性强、旋转强、弧线低平，可以使对方无法获得上手进攻所必需的引拍距离，从而被迫过渡，利于我方后续的主动进攻。在接发球时与摆短配合使用可以有更好的效果，可以前后调动对方，让对方进攻的主动性大打折扣。

2. 动作要点

劈长的动作和一般的搓球动作比较类似，但是引拍要高于来球的高度，在球的高点期或者上升后期触球。小臂带动手腕快速向前下方劈砍，注意要发力集中，动作幅度要大一些，身体重心要随摩擦球的方向送出(图 4.53 和图 4.54)。在劈长时一定要强调触球瞬间的爆发力，这样才能把旋转做出来，才能让球回到对方的底线位置，也能增加球的突然性。

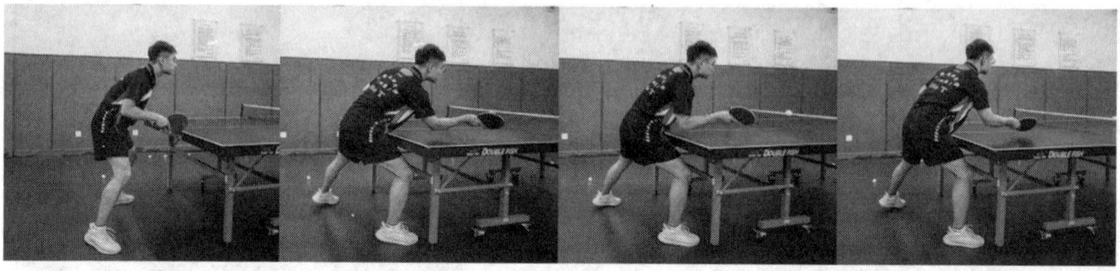

图 4.53　正手劈长示例

图 4.54　反手劈长示例

(三) 摆短

1. 特点和作用

摆短的动作幅度小、回球速度快、弧线低平、落点靠近网，而且前进的力很小，往往第二跳也不会出台，可以很好地限制住对方的抢攻，适合对付近网的下旋球，不适合对付底线长球或者不转球。

2. 动作要点

摆短属于一种快搓技术，动作与快搓也基本相同。在判断对方来球是短球时，重心前移，引拍不宜过大，在来球的上升期触球中下部，以向前、下方发力为主，略带侧向的力量。击球时，在自己发力的基础上，适当借对方来球的力量，在过网的前提下，减少球向前平动的距离，以摆出高质量的短球(图 4.55 和

图 4.56)。摆短时，身体重心一定要及时上前，手臂在台内迎球时近似与台面平行。

图 4.55 正手摆短示例

图 4.56 反手摆短示例

第七节 削球技术

削球是削攻型打法的一项重要技术，它通过落点和旋转的变化来控制对手，使得对方直接失误或为自己创造抢攻机会。在乒乓球运动的发展历程中，削球打法作为一种主要的打法类型始终在世界乒坛占有重要的地位。随着弧圈球技术的出现和广泛应用，单纯的削球打法已显得越来越被动。在当今的比赛环境下，削球打法的运动员只有在进一步提高适应弧圈球能力的基础上，加大旋转和落点变化，增强攻势，才能在比赛中获得更多的主动。为了达到这个目的，提高削球技术的质量就有了更大的意义。

（一）近台削球

1. 特点和作用

近台削球的站位近台，动作幅度小，击球点较高，回球速度快，前进力强，有一定的威胁，往往能获得主动或直接得分。通常适合接对方旋转较弱的来球，结合落点的变化可以调动对手的走位，从而寻找机会主动进攻。

2. 动作要点

（1）正手近削。左脚稍前，身体距离球台约 70 厘米，两个膝盖微微弯曲，身体略向右转，重心放在右脚上，手臂外旋，拍面稍后仰，身体向右侧偏斜，手臂向右上方移动，小臂提起，握拍的手腕外展，引拍至身体的右上方。在击球时，小臂向右后上方引拍，拍形后仰，在来球的下降前期击球的中下部，以小臂发力为主，带动手腕内收向左前下方摩擦球，身体重心从右脚转移至左脚。击球后，手臂继续向左前下方顺势挥拍，然后迅速还原身体重心，准备后续的击球(图 4. 57)。

（2）反手近削。和正手近削相同，方向相反。引拍的速度要稍微加快一些，否则会有被球顶住的感觉(图 4. 58)。

图 4. 57　正手近台削球示例

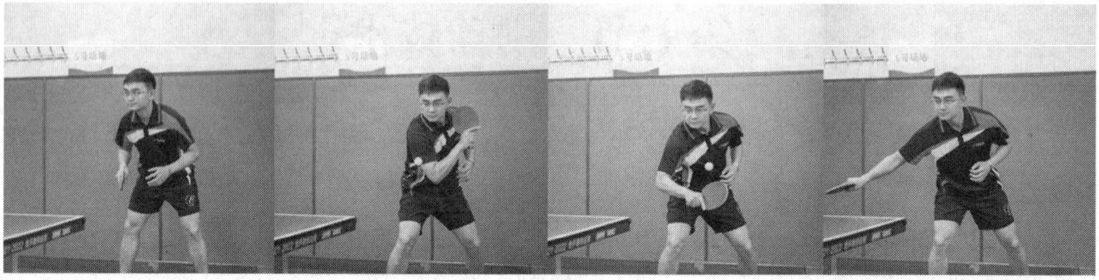

图 4. 58　反手近台削球示例

（二）远台削球

1. 特点和作用

远台削球的动作幅度大、回球速度慢、弧线长，有利于通过削转与不转球和变化落点来牵制对方，常用于对付对方的扣杀球、弧圈球和提拉球。它是以削为主打法的选手必须掌握的基本技术之一。

2. 动作要点

（1）正手远削。两脚分开站立，右脚略微靠后，身体略微向右转，手臂向右后上方移动，小臂提起，球拍上举。当对方的来球跳至下降后期时，随着身体的向左转动，大臂带动小臂同时向左前下方发力，触球时拍面保持后仰，触球的中下部，触球瞬间需要手腕给球摩擦(图4.59)。

(2) 反手远削。基本同正手远削，但方向相反。反手削球因受到身体的限制，引拍要更有节奏。发力时要注意用手臂带动手腕，动作向前，用力充分。

图4.59 正手远台削球示例

(三) 削追身球

1. 特点和作用

追身球就是对方的来球直追身体。削追身球必须迅速让位削球，要么向左让位用正手削，要么向右让位用反手削，一般来说，用正手削追身球比较稳妥。削追身球的技术难度较大，失误率也会更高。

2. 动作要点

(1) 正手削追身。当对方的来球在我们的身体正中或中间偏右时，右脚后撤，收腹向右后转髋，大臂靠近身体，小臂迅速提起，手腕略微上提，将球拍引至身体右上方(基本与胸同高)。当对方的来球跳起至下降前期时，小臂带动手腕从上向下发力，拍面近于垂直，击球的中下部并给予摩擦，身体重心沿着发力的方向迅速降低(图4.60)。

(2) 反手削追身。反手削追身球时，左脚后撤，腰向左转，收腹。引拍时，大臂紧贴身体，小臂将球拍引至胸前，拍面竖直，于球的下降初期击球的中下部，触球瞬间给予摩擦，小臂向右前下方下切，压低弧线。需要注意的是，判断必须快速，以决定向哪个方向让位。

图4.60 削追身球示例

(四) 削突击球

1. 特点和作用

削突击球也称为“顶重板”，用于接对方低球突击或大板扣杀，球速快，力量重，突然性强。削突击球时常处于被动防守阶段。尤其是对方在发球、搓球、吊短、拉球后进行的突然进攻，使前一板球与接突击球之间的差别很大，回削难度很大。

2. 动作要点

正手削突击球时，迅速后退，两脚站稳，收腹含胸，左脚稍前，向上引拍，随着腰和髋的右转把拍引至身体的右前上方，拍形接近垂直，然后从上向左前下方于来球的下降初期触球中下部，下切速度要快，击球点低时可适当往前送，然后重心转至左脚(图 4.61)。反手削突击球时，右脚稍前，腰和髋左转，向身体的左后上方引拍，向右前下方下切，重心转至右脚，其余均同正手削突击球。

图 4.61　削突击球示例

第五章 乒乓球战术

第一节　乒乓球运动中战术的概念

一、乒乓球战术的概念

战术是指导和进行战斗的方法，该词语来源于军事用语。随着时代的发展和进步，竞技战术也开始出现在大家的视野中。竞技战术是在竞技体育中常用的词语，指根据比赛双方的情况，正确地分配力量，充分发挥己方特长，限制对方特长，为战胜对手而采取的合理有效的计策与行动。随着运动训练水平的不断提升，高水平运动员之间的竞争实力越来越接近，单纯依靠身体和技术战胜对手的情况，如今已经很少出现在某些项目的高水平竞赛中了。因此，优秀的运动素质和技术训练水平只有以特定的技巧性体现，才能取胜。而在球类运动中，战术通常表现为把不利于对方的打法强加给对方，或者让对方打得别扭从而失分。

乒乓球属于依靠技能的隔网对抗类项目，战术的重要性是十分高的。在比赛中，运动员不仅需要过硬的技术基本功，还需要临场合理制定和运用战术，这样才能在高水平的竞技比赛中脱颖而出。

乒乓球战术，从广义来讲主要是指在比赛中为了战胜对手或者取得期望的比赛结果而综合运用技术、心理和身体素质的方法；从狭义来讲就是指在比赛中根据对方的打法和特点而采用的各种技术手段和方法。需要注意的是，在比赛中心理素质和身体素质的运用通常是根据不同情况而选用的，例如在关键分的争夺中，对方如果出现了保守手软的情况，那么我们可以据此选择合适的战术来拿下关键分。

在制定比赛的战术时，我们一定要注意用自己的优势打对方的弱势。在比赛之前，我们可以提前观看所要面对的对手的比赛录像或者比赛现场，从而了解对方的优势和弱势，以及步法的好坏。只有做到知己知彼，我们才可以更好地选择和应用战术。在运用战术时，我们一定要积极调动自己，根据场上赛况的不同及时调整战术和心态，始终保持主动，从而达到战胜对方的目的。

二、乒乓球技术和战术的区别与联系

在乒乓球运动中，技术和战术缺一不可，这两者是相辅相成的。技术指的是我们根据比赛要求完成动作的方法，例如正手攻球、反手攻球、搓球防守等。战术指的是为了赢得比赛而采取的计谋和行动，例如进攻的落点、节奏的变化等。这两者看似不相干，却相互影响和制约。

技术是战术的基石，战术则是技术的应用。只有打好自身的基本功，熟练掌握各种乒乓球技术，才能更好地体现出战术的价值。在比赛中，合理科学地使用战术可以让我们的技术得到更充分的发挥。技术和战术就好比人的两条腿，如果有一条腿长一条腿短，那么走起路来将是异常困难的。只有技术没有战术会使我们打球毫无章法和目的，很容易跟着对方的节奏走，打着打着就不知道该怎么打了，发挥不出真实的水平，这种情况在一些球友中十分常见。同样地，只有战术没有技术也是不行的，技术的不到位很容易让我们出现各种失误，从而输掉比赛。由此可见，技术和战术是相互促进、相互发展的。在技术进步的同时，我们也不能忽视战术的更新。只有两者齐头并进，才能让我们在比赛中更加得心应手、游刃有余。

在日常训练中，我们要主动将技战术进行融合，带着战术思想来练习技术。不能不动脑子地练球和打球，而要善于思考，制定适配自身优势的战术，只有这样，才能更好地发挥出自身的水平，才能打得越来越聪明。

第二节　乒乓球运动中的常见战术

一、发球抢攻战术

发球抢攻是所有选手都经常采用的一种主动进攻战术，是力争主动、抢占先机的主要战术。发球抢攻简称发抢，是比赛中重要的一种得分手段。发球抢攻能力比较强的人会让对手在接发球时就有一定的心理压力，很容易让对方在接发球时出现漏洞甚至失误，从而可以抓住进攻机会抢占先机。

现代乒乓球规则中要求发球时不能有任何的遮挡动作，这样一来，发球的迷惑性会大大降低，对手可以判断清楚我们发球的旋转。因此在高水平的比赛中，对手通常会采用一些进攻型手段，例如反手拧拉、正手挑打等。这种球过来的旋转是与搓球相反的，所以我们应该对此有一定的准备。在进行发球抢攻战术时，我们要考虑对方接球的多种情况，对方如果采用了进攻型手段，我们就不能做拉下旋的准备，而是在第三板有一个拉上旋球的意识，并且争取通过反拉直接得分。

在执行发球抢攻战术时，必须注意以下几个要点：

① 追求高的发球质量。发球抢攻的大前提是对方接我们发球的质量相对不高，这样我们才有机会对其进行上手抢攻。因此，我们首先要训练一定的发球技术，如果我们发球的质量很低、落点很粗糙，那么在面对较高水平的选手时，很

容易被对方直接抢攻得分。较高的发球质量可以限制对手的接发球上手，让对方的回球没有威胁，这样无论对方是搓过来还是拧、挑过来，我们都可以对其进行抢攻。

② 抢攻一定要果断。在决定了要执行发球抢攻战术后，我们就应该坚决果断地执行。不论对方是搓过来还是拉过来，我们都不能犹豫。乒乓球的飞行速度极快，如果我们在对方接球的一瞬间心里产生了犹豫或者不坚决，那么我们手上的动作和脚上的步法可能就会慢一拍，从而失去了抢攻的机会陷入被动。在发球前通常有一段时间可以用来思考这个球该怎么打，我们可以在这个时间段里设计好怎么打这个发球抢攻，包括发什么球，对方搓过来我怎么攻、对方拧拉过来我怎么攻。设计好了之后，就要坚决果断地去执行。

③ 具备多套发抢战术。我们应该多具备一些发球抢攻的套路，不能只有一种，否则对手很可能会适应我们的发球抢攻然后有针对性地克制我们。具备多套发球抢攻战术的话，我们可以轮换着穿插使用，让对手捉摸不透，在关键球的争夺中，这种变化有着奇效。

④ 赛场上的灵活调整。不同对手的打法和强弱项有很大的差别。在比赛中，有一些选手的接发球能力比较强，他们很会控制接球的落点，让我们很难去抢攻。面对这种选手，我们不能盲目地执行发球抢攻战术，可以在第三板过渡一下，在后面的回合中再找进攻的机会。盲目的发球抢攻不仅会增加我们的无谓失误，也会损失我们的手感，甚至损耗自己的自信心。这样一来，在后面的比赛中会更加不敢上手，以致陷入恶性循环。

⑤ 注意抢攻后的还原。在与高水平的对手进行比赛时，我们的发球抢攻战术不一定可以一板把对方攻死。因为高水平的选手的防守能力也会比较强，所以我们一定要注意抢攻之后的动作和身体的还原，不能抱着一板把对方冲死的思想，而要注意下一板的进攻衔接。球不落地，我们就不能松懈。在日常训练赛中，我们就要培养这种习惯，从而更稳定地得分。

⑥ 发球抢攻的使用时机选择。发球抢攻战术是一种让对手出其不意的战术，具有突袭性。因此，我们最好不要每一次发球都想着要发球抢攻，因为这样可能会让对手产生心理上的适应。对手会觉得我们发球的下一板会选择抢攻，然后他们可能会刻意地使用一些控制技术让我们难以抢攻，这样就得不偿失了。目前，发球抢攻战术更常用于以下几种情景，即变化比赛节奏时、关键分时、进攻手感火热时等。只有让对手无法预知我们发球后下一板的战术选择，这样发球抢攻的突袭性才具有意义。

常见的发球抢攻技术主要有以下几套：

① 正手发转与不转球后抢攻。在这种发球抢攻模式中，我们一般以发对手

中路或正手近网短球为主，再配合反手长球突袭。一开始，我们可以多发一些加转的下旋短球，让对手难以接发球抢攻；等到对手打法保守后，我们可以发反手或者中路长不转球突袭，然后抓住机会进行抢攻。在比赛中，我们可以根据对方的接发球弱项来选择自己的发球抢攻战术：对方如果接下旋比较差，那么我们可以多发短下旋，然后注意下一板的抢攻衔接；如果对方不擅长接上旋球，那么我们可以多发追身的上旋球，然后注意下一板的反拉。如果发球比较好，我们还可以在比赛中穿插半出台的发球，让对手更加别扭。

需要注意的是，现在运动员的短球控制水平都比较高，因此我们在发了短下旋之后，一定要注意对方会不会摆短等。如果确实不易抢攻，也可以过渡一板，争取下板球再抢攻。

② 正手发左侧上、下旋后抢攻。在这种发球抢攻模式中，我们一般把左侧旋球发到对方的反手底线、追身位置。面对这种发球，对手通常会有两种接法：侧身和反手。如果对方侧身把球拉到了我们的反手，我们可以使用反手直接压直线让对方难以跑位；如果对方侧身拉到了我们的正手位置，我们则可以正手反拉到对方的正手位；如果对方使用反手把球拉到了我们的反手位，我们可以压对方的追身位；如果直接回了正手位，那我们同样可以正手反拉到对手正手大角的位置，然后快速还原，做好下一板的衔接。当然，在一些关键分的争夺时，我们也可以用急长球来偷袭正手底线，然后做好反拉的准备。多抓住对方的弱点，对方什么球处理不好，我们就多发什么球。

③ 反手发右侧上、下旋后抢攻。这种发球抢攻模式更加适合正、反手能力都比较强的选手。我们可以用反手把球发至对方的中路，然后配合正手和反手位的大角度。反手发球的旋转一般没有正手强，因此我们要注意对方的接发球抢攻。虽然反手发球旋转处于劣势，但我们可以通过变换落点、加快球速的方法给对方带来威胁。我们在用反手发右侧旋到对方的正手位时，由于旋转的影响，对方常会拉直线到我们的反手位。这时，我们可以用反手快带把球打到对方的反手位，让对手难以还原。在发反手侧下旋时，对手可能会把球搓到我们的反手位，这时我们可以使用反手拉下旋抢攻或者侧身抢拉。

④ 反手发急球后抢攻。在遇到反手较弱的选手时，我们可以多发速度快、力量大、线路长的反手长球。反手薄弱的选手面对这种球通常不能接出比较高的质量，可能只能搓一板或者碰一下，甚至会直接吃发球，这样我们抢攻的成功率就会大大增加。当然，单一地把急长球发到对方的反手底线可能会让对方逐渐适应，因此我们可以与直线急长球配合起来，这样就能让对方更加难以琢磨。

⑤ 下蹲发球后抢攻。下蹲式发球也叫砍式发球，是横板选手独特的发球之一。下蹲式发球可以利用球拍两面发出旋转强、变化多、迷惑性强的球，在关键

分的争夺上有一定的奇效。在这套发球抢攻战术中，我们可以将左侧上、下旋与右侧上、下旋球结合使用，落点上应有长、短、左、右的变化。对于习惯性使用搓球接球的选手，我们可以多发侧上旋，然后注意拉球抢攻。在关键分的争夺中，我们可以把球发至对方正手或者中路，然后伺机抢攻，接发球较差的选手甚至可能直接吃发球。相应地，我们也要注意发球的灵活多变，抓住对方的薄弱点进行压制。

二、接发球战术

近几十年来，国际乒联对乒乓球竞赛不断改革：发球必须无遮挡，赛制由21分制改为11分制，采用40毫米+的塑料大球，等等。种种改革都影响着比赛的节奏，同时这些变化也迫使选手要更快地去适应新规则。

1. 接发球战术的注意事项

在新规则的影响下，我们接发球的意识和手段也要有相应的变化。在有遮挡发球的条件下，我们很难看清对方发球时球拍的触球瞬间，因此经常会在比赛中直接“吃”发球，而我们的接发球就会比较保守，通常是保证自己不失误地把球接过去，但是这种球的质量通常比较低，很难给对方带来威胁。而在实行了无遮挡发球后，我们可以清楚地看到对方发球时的触球瞬间，因此可以准确地知道对方发球的旋转，就可以采取主动进攻的手段进行接发球，这样能给对方带来更大的威胁性。在这种情况下，我们要增强接发球直接抢攻的能力，例如台内拧拉、挑打、抢拉半出台等。

在接发球战术的使用中，我们应该特别注意接发球和下一板的衔接。板与板之间的衔接是乒乓球运动中永恒不变的要点，在球没有落地之前，我们都要默认对方可以把我们的球接回来，因此我们就需要做好下一板的衔接。在接发球战术中，这一点更加重要。我们要注意加强接发球后下一板的威胁，要做到一板比一板有质量，这样才能给对方带来压制作用，增加我们得分的可能。

在接发球时，我们应该根据对方的弱点和自身的长处来选择接发球技术。面对爱侧身的选手时，我们可以把球摆短至对方的正手或者反手小三角位，增加对手回球的难度；在面对发球容易出台的选手时，我们就要坚定接发球抢拉的战术，增加接发球的质量；在面对喜欢发短球但是旋转不强的选手时，我们要多使用台内拧拉和挑打战术，抢得主动的先机，然后再逐渐压制对手。

2. 接发球的基本规律

接发球占据了比赛中一半的使用率，因此接发球的好坏对比赛的胜负至关重要。接发球战术中最重要的一点就是判断对方发球的落点以及旋转。每个选手都有自己的发球特点，因此准确判断对方的每一个发球是难度很大的一件事，国家队的专业选手也不能取得百分之百的判断成功率。但是接发球的判断也有一定的规律。

如果对方发球的第一落点距离球网比较近，那么这个球基本上是短球，我们可以采取摆短、搓长、拧拉等战术。如果第一落点距离球台的端线比较近，那么这个球基本上是长球，我们可以准备直接拉弧圈。

如果对方发球时球在球拍上停留的时间比较长，那说明这个球经历了充分的摩擦，一般会具有比较强烈的旋转；停留时间短的球基本上是不转球。如果用力方向是往侧下方则是侧下旋球，往侧上方用力则是侧上旋球。一般来说，在空中运动速度比较快的球是上旋球，运动速度比较慢的球通常是下旋球。

每个乒乓球运动员的发球都是不同的，但是每个运动员基本都会有一个掌握得相对比较好的发球技术。因此，我们在接发球时需要注意对方的发球动作是否同所擅长的发球动作一致，如果动作发生了变化，那么大概率旋转和落点也会发生变化。我们在比赛时，一定要快速适应对方的发球，找到合理有效的接发球方法。

对方的两个发球权中通常不会发同一种旋转的球，如果对方的第一个发球是比较沉的下旋，那么第二个发球可能会变成上旋。因此，我们在接发球时要注意这一点。特别是在关键局关键分的争夺中，对方很有可能会发自己最擅长的那种球，因此我们在接球时一定要提前做好预判，做好接球的准备。

3. 接发球的常见战术

接发球的技术有很多，不仅包括进攻型的台内拧拉、挑打等，还包括防守型的摆短、劈长等。组合这些技术，就能得到多种多样的接发球战术，常见的接发球战术有以下几套。

① 接发球直接抢攻。接发球直接抢攻是最主动的接发球战术。在对方发短球时，我们可以使用台内拧拉或者挑打技术；在对方发长球时，我们可以直接拉弧圈球上手。主动进攻可以给对方带来巨大的威胁，也会让对方在后续的发球环节丧失一定的信心。不过要注意，在执行接发球直接抢攻时，我们一定要判断清楚对方发球的旋转和落点，一定要反应快，步法移动要快速，上手要果断不能犹豫，要保证在最合适的击球点和击球时间击球，从而使击球的质量最大化。

② 摆短和劈长结合。当对方发比较沉的下旋短球时，我们可以采取摆短结合劈长的战术，以此来控制对方，不让对方直接上手。如果对方继续把球搓回来，那么我们一定要尽量上手，避免和对方连续搓球从而把抢攻机会送给对方。摆短和劈长一定要结合起来使用，并且要根据对方的弱项来选择优先的战术，例

如：对于弧圈球技术不好的选手，我们就可以劈长给他拉，然后注意后续的衔接即可；对于小球技术薄弱的选手，我们就可以用摆短调动对方，然后找机会进攻。

③ 稳健控制法。这种战术一般为攻对削、削对攻或削对削时采用。通过使用拉、推、拱、搓等技术稳定地将球接过去，主要强调接球的命中率。但是也要注意加强旋转和落点的变化，否则很容易让对方直接抢攻，从而使自己陷入被动。

④ 正手侧身接发球。侧身接发球有利于发挥正手攻球的优势，一般来说，正手的杀伤力要比反手大得多。同时，对方看到我们侧身接发球后很可能会下意识地去防御，因此我们的侧身接发球还可以干扰对方的发球抢攻战术。对于出台的长球，我们可以直接侧身冲弧圈到对方的反手或者正手；对于台内短球，我们可以采用晃撇或者快摆的技术。接完发球后，我们一定要注意动作和身体的还原，防止对面偷袭我们的正手位。

三、搓攻战术

搓攻战术，顾名思义就是搓球之后进攻的战术。搓攻战术是进攻型打法的辅助战术之一，这一战术的使用率在比赛中也是比较高的。该战术是使用搓球旋转、落点的变化来控制对方，不给对方主动抢攻的机会，为己方进攻创造条件。需要注意的是，现在大部分的专业选手都具备不错的弧圈球能力，因此我们在搓攻战术时一定要注意控制搓球的板数，哪一方多搓了一板就相当于把进攻的机会交给了对方。因此，搓攻的正确指导思想应该是尽量少搓，争取我们抢攻在先，取得主动。目前，常见的搓攻战术主要有以下几种。

① 快搓、慢搓结合。在搓球这一环节，我们要注意抓住对方的搓球薄弱点，然后有针对性地攻击。例如摆短、劈大角度等，利用这些技术限制对方的进攻，然后找到合适的机会自己抢攻。

② 搓球变线。我们可以在搓球环节加入大幅度的变线，可以先搓反手大角度，然后再搓正手短球。步法较薄弱的对手很有可能在搓球阶段就出现了失误，然后我们就可以抓住机会进行抢攻。

③ 搓转与不转后抢攻。我们可以用相似的动作来搓转球和不转球，利用旋转的变化给对方带来迷惑，待对方搓高时，我们伺机抢攻即可。但是也要注重，在变化旋转的同时也要注意落点的变化，这样的效果会更好。

四、对攻战术

对攻战术是进攻型打法在相持阶段常用的一项重要战术。对攻是进攻类打法的选手在相互对抗中，双方利用速度、旋转、落点变化和力量轻重来控制对方，力争主动的一种重要手段。常见的对攻战术主要有以下几种。

① 攻两角战术。攻两角战术有双大角攻击和双边直线攻击两种。双大角攻击是指把球回到对方正手位和反手位的两个大角，让对手顾此失彼出现失误，然后我们占据主动。双边直线攻击是指先用直线打一角，再用直线攻另一个角，即正反手均攻直线球。攻两角战术对一些步法较慢的选手有着很不错的作用，通常能起到压制对方的作用。

在我们运用攻两角战术时，一定要注意打斜线的角度要大，而且要增加球速，让对手难以跑位；打直线时要出手快，起到突袭的作用，打对手一个措手不及。

② 调右压左和调左压右。调右压左就是先打对方的正手，将其调动到正手位并迫其离台后，再打其反手位。这种战术比较适用于右手执拍且侧身能力强的选手。调左压右则是先打对方的反手，将其压制在反手位，然后再打其正手位。不论是调左压右还是调右压左，我们都要加强调的那一板的球速，最好能使对手在调的过程中失去重心；然后压的那一板一定要增大角度，这样对方很难还原，我们就可以抓住破绽抢得主动。

③ 压对方中路接抢攻战术。这种战术通常是用来对付两面攻打法的对手或者横拍反手攻能力较强的对手。这类打法的运动员通常是反手进攻的技术好，而正手相对较弱，中路更是弱点。这时，我们可以用推挡或者反手攻压住对方的中路位置，然后同时寻找抢攻的机会，一旦对方的攻势弱了下来，我们就可以马上抓住机会进行抢攻。

④ 压对方反手接抢攻战术。对于反手进攻能力较弱的选手，我们可以使用反手攻压住对方的反手，然后观察对方的下一步动作。如果对方勉强侧身，我们可以快速变线到对方的正手位，然后伺机抢攻。如果对方不侧身继续用反手和我们相持，那么我们可以瞅准机会侧身搏杀，争取一击制敌。

需要注意的是，我们在压对方反手时一定要速度快、力量大，不然容易被对方侧身抢攻；在变线时一定要突然，尽量做到让对手反应不过来。

⑤ 正手全台攻。在拼杀时，我们可以充分利用正手攻球力量大、速度快、质量高的特点，能侧身攻就侧身攻，力争正手全台跑动抢攻，这样能给对方带来巨大的防守压力，从而增大我们得分的可能性。

五、拉攻战术

拉攻战术是进攻型选手针对削球运动员的一种切实有效的战术，通过弧圈球旋转和落点的变化来压制削球手，给自己制造抢攻、扣杀的机会。削球打法是一种偏向于防守的打法。在进攻型选手和削球手之间的比赛中，进攻的一方应该秉承这样一种战术思想：能突击时就突击，能抢冲时就抢冲，如果对方回球的落点比较刁钻导致我们不能抢攻，那么我们也不可以急躁，我们应努力寻找机会之后再进行抢攻。切忌用打进攻型选手的方法来打削球手，因为削球手的防守能力一般都比较强。我们需要将拉球和杀球相结合，要把进攻的节奏把握在自己的手中，这样可以显著减少无谓失误。目前，常见的拉攻战术主要有以下几种。

① 拉正杀反或拉反杀正。拉正杀反是指拉对方的正手位然后再杀对方的反手位，拉反杀正则恰恰相反。大角度的调动可以让削球选手的重心有较大的起伏，从而使对方削球的质量降低，然后我们可以抓住机会进行扣杀。有些削球手的反手削更好，有些削球手的正手削更好，因此我们要根据对方的技术特点来选择是拉正手杀反手还是拉反手杀正手。

② 拉中路杀两角或拉两角杀中路。中路是削球手的弱点。中路的球因为受到身体的阻碍不好削接，不容易将削球动作做充分，因此削球手对中路球一般很难削出质量。在比赛中，我们可以把球拉到对方的中路，然后找机会发力冲拉两个大角。

拉两角杀中路也是一种不错的战术。对付正、反手削球水平差不多但是步法不好的选手，拉两个大角度是很容易压制住对方的，对方在跑动中很容易暴露自身的弱点，我们则可以抓住机会杀对方的中路，打对方一个措手不及。

③ 拉直杀斜或拉斜杀直。一般来说，拉斜线的成功率和杀伤力要比拉直线高得多，因此为了追求上台率，大多数选手更偏向于使用拉斜杀直。杀直线的突袭性也是十分高的，但是具有一定的难度。拉直杀斜的难点在于直线那一板的拉球，杀斜的成功率还是比较高的。总的来说，这两种战术在比赛中均可以使用，具体使用哪种战术要根据自身的技术特点和对方的薄弱点来进行选择。

④ 变化拉球的旋转和落点，伺机突击。如果运动员具有较高的拉球水平，那么可以采用这种战术。在拉球时，我们可以通过动作的微调来改变球的旋转，例如强上旋、不转和侧旋。不同旋转的球会增加对方的削球难度。我们还可以调整拉球的落点，可以先拉底线长球迫使对方后退，再拉一板较短的球迫使对方前进，这样的变化很容易让对方出现破绽导致回球质量下降，我们就可以抓住机会进行杀球，通常可以直接得分。

⑤ 过渡一板，伺机突击。有一些削球手的球拍通常是一面反胶，一面颗粒胶皮。这些颗粒胶皮有时候削过来的球又低又转又飘，较难直接拉起来。这时我们可以使用搓球、晃撇等技术过渡一板，待对方削过来的球没有那么转时，我们可以抓住机会进行突击。

⑥ 稳拉多板，伺机突击。攻削结合打法的运动员在对付削球选手时通常采

用这种战术。通常先稳定地拉多板，边拉边找机会进行发力抢攻。使用这种战术时也要注意对方的提前抢攻，因此要加强动作和身体的还原。

六、推攻战术

推攻战术是乒乓球运动中最为基础且十分常用的一种击球战术。在使用推攻战术时，我们通常可以用反手的推挡、变线等多种击球技巧来改变球的旋转和落点，在一板一板的相持中将主动权把握在自己手里，待对方的回球质量下降时，我们可以抓住机会正手发力扣杀或者侧身扣杀，建立自己的比赛优势。推攻战术是左推右攻打法的选手对付攻击型打法的选手的主要战术，反手推挡能力比较强的两面攻运动员、攻削结合运动员等也常使用这种战术。

在使用推攻战术时，我们要注意以下几个要点：

(1) 不能盲目地推和攻，推、攻的线路和落点都需要有灵活的变化，这样才能给对手带来回球压力，给我们的进攻增加机会。

(2) 在推挡时可以多压制对方的反手位，不给对方正手上手的机会，然后可以伺机变线到正手，这时对方很难反应过来，我们就可以伺机抢攻。不过要注意，变线这一板一定要速度快。如果对方的正手较弱，我们就可以推对方的正手为主。

(3) 在推挡中可以突然加力推对方中路，使对方难以用力回击，然后我们用正手或侧身扣杀。

(4) 找到攻球的机会时一定不能犹豫，要果断扣杀，因为这是推攻战术的主要得分手段。如果迟迟不敢上手，那么很有可能会被对方强上手，让自己陷入被动的状态。

七、削中反攻战术

削中反攻战术依靠稳健的削球来限制对方的进攻能力，然后伺机发起进攻。削中反攻可以说是防守转攻的重要战术。通过改变削球的旋转和节奏来干扰对方的进攻，是削球手的重要得分手段。在这种战术中，削球手一般以加转的底线大角球为主，然后伺机反攻；或者以转、低、稳、变的削球迫使对手在走位中拉攻，然后再伺机反攻。常见的削中反攻战术主要有以下几种。

① 削转与不转再伺机抢攻。削球手尽量使用相似的动作来削出强下旋和不转的球，这样会给对手带来巨大的迷惑性，甚至可以让对手直接失误。通常来说，我们可以先削加转的下旋球来避免对方的直接上手，然后找机会变不转球继而衔接反攻。需要注意的是，不转球一定要削得低一些，不然很容易被对方直接上手，使我们陷入被动。在落点的选择上也要有所准备，对于正手进攻较弱的对

手，就可以把转球削到对方的正手位，然后找机会抢攻。

② 削两大角再伺机抢攻。对付步法薄弱的选手，我们可以使用该战术。我们可以通过大幅度地变换落点来调动对方的跑位。在跑位中进行拉球是十分困难的，因此对方很容易出现质量较低的回球，我们就可以抓住机会进行进攻。对于反手攻球较弱的选手，我们可以连续地削对方的反手位，直到对方变得手软失误。如果能在落点的变化上再加上旋转的变化，例如转和不转，那么给对手带来的威胁就会更大，我们得分的可能性也就越高。

③ 削、挡结合再伺机抢攻。这个战术对削球手的防守能力有一定的要求。在这套战术的使用中，我们可以连续削对方的反手位大角度。待对方侧身拉球时，我们直接变线挡到对方的正手位，这样对手很难及时跑到位，即使勉强接到球，质量也不会很高。此时，我们就可以抓住机会反攻。不过要注意变直线的这一板速度一定要快，不能给对手太多跑位还原的时间。对于对方的搓中突击、发球抢攻等突然攻击时，我们可能来不及退台削球，此时我们也可以挡一板，然后抓紧还原准备后续的削球或者攻球。

④ 削对方弱点再伺机抢攻。俗话说，打蛇打七寸。乒乓球比赛中也是如此，我们一定要善于抓住对方的弱势来进行攻击。如果对方的正手攻球较为薄弱，我们整局比赛中就可以围绕着对方的正手做文章，可以多削对方的正手位，然后找机会进行抢攻或者反攻；对于反手进攻能力较弱的选手，我们就可以压着对方的反手打。这种战术思想在关键球的处理时有着显著的作用。关键球时双方都比较紧张，然后对方就极有可能出现拉球失误或者保守搓球的情况。这时，我们就可以直接拉弧圈，转为主动从而建立优势。

第三节　乒乓球运动中战术的具体应用

一、面对不同打法、特点对手的战术选择

乒乓球运动中的打法有很多，不仅包括以进攻为主的横、直板弧圈球打法，还包括以防守控制为主的削球打法。与此同时，不同的乒乓球运动员还有着自身独特的特点，例如有些选手的发球更有威胁，有些选手的进攻能力更强，等等。因此，我们在运用战术时要充分考虑双方的打法和特点，根据己方的优势和对方的弱势制定出适合的发球、接发球、发抢、相持等具体战术。

例如，在对付以进攻为主和以削球为主的对手时，我们采用的战术就是不同的。在对付以进攻为主的选手时，我们的发球就要更加注意落点和旋转的质量，

注意自身的发抢意识。因为进攻型选手的上手能力是比较强的，如果我们发球的质量不高，很容易被对方直接上手，给自身带来被动。然而面对削球选手时，我们的发球质量就不必那么高，因为削球手的进攻能力相对较弱，较少主动地接发球上手，因此我们可以设计好自己的发球抢攻。

我们在比赛中一定要时刻记得用自己的长处来压制对方的短处。例如，当对手不擅长侧身抢拉时，我们可以压住对方的中路然后调对方的反手；对于喜欢侧身抢拉的选手，我们可以在相持中偷袭对方的正手位，打对方一个出其不意；当对手的反手较弱时，我们可以在相持中多压对方的反手，再结合变线，伺机抢攻赢得主动。

二、不同局势下的战术选择

乒乓球比赛的节奏是很快的，一局11分制，一般只需要5~10分钟就可以结束，一场五局三胜的比赛通常半个小时也可以结束。然而，在这么短的时间里，比赛的战局都有可能发生巨大的变化，例如从大比分落后到追平再到反超。因此，我们必须根据战局的发展来调整相应的战术。例如，在失误较多频频失分时，我们可以通过稍微慢些捡球、发球前多思考一段时间来放慢比赛的节奏，争取扭转不利局势；在手感火热、怎么打怎么有球时，我们就可以快些捡球、发球来适当加快节奏，不给对手调整的时间，争取快速结束比赛。同时，我们也可以根据对方比赛的发挥情况来调整战术。例如，在对方上手频频失误时，我们就可以多搓长球给对方拉，然后准备防守反击即可。在通常情况下，对手很难在短时间内调整过来，因此我们很有可能直接得分。再比如，当对手进攻手感火热时，我们就应该避其锋芒，多给对方摆短或者不出台的球，让对手没有办法直接进攻，然后我们伺机再抢攻。

三、比分领先、持平、落后时的战术选择(11分制)

在乒乓球比赛中，比分是最能体现双方较量结果的。比分会直接影响双方运动员的心理状态，然后心理状态对技战术的发挥也有着很大的影响。可以说，比分的领先与落后和我们在比赛中所发挥出来的水平是有密切联系的。因此，我们在讨论战术的选择时，一定要把比分的不同考虑进去。总的来说，在比赛中一共会出现比分领先、持平、落后三种情况。

1. 比分领先

在比分领先时，我们一般不会主动求变，我们可以继续使用之前得分的战术打法。与此同时，我们的对手在落后时可能会主动求变，会更加主动频繁地上手。我们在领先时一定不能变得保守，不能开始以防守为主，我们应该大胆挑打、进攻、反拉，争取在气势上压倒对方。我们还应该根据对方的打法特点来进行压制，加强球的落点、旋转控制，增加对方发力攻的难度。总之，在比分领先时，我们不需要有特别大的心理负担，此时紧张的是对方，我们只需要打好自己的每一个球即可。需要注意的是，在比分领先时，我们千万不能骄傲，不能掉以轻心，一定要沉住气争取拿下胜利。

2. 比分持平

在遇到实力相当的对手时，可能不会出现大的比分起伏。双方的技战术发挥和使用的水平都相差无几，大概率会出现比分交替上升的局面。在这种情况下，我们一定不能急躁地想着把比分拉开，此时，双方的压力均很大。这时，我们的意志品质一定要坚定，一定要自信，打法要坚决，上手要果断，争取一分一分地拿下。在比分焦灼时，我们可以根据对方的弱点有针对性地改变战术，如果对方比较吃我们的某一种发球，我们就可以发这种球来设计抢攻，占据主动。尤其是打到 8 平、9 平时，我们可以适当地变化一下打法和节奏，设计好发球战术和接发球战术，然后积极上手争取主动。

3. 比分落后

我们在比分落后时，最重要的一点是不能放弃，要有扳回比分的信心。落后时，我们就一分一分地咬，要有大无畏的精神，冷静分析，然后适当调整战术。在接发球和发球环节，我们可以主动变化节奏，努力让对方不适应，然后我们抓住机会主动上手进攻，争取慢慢缩小分差，实现比分的追平甚至反超。

第六章 乒乓球运动员训练

第一节 乒乓球球感和球性的培养

任何体育竞技项目在入门时都不会上来就学习很专业很高难度的技术，均是从最基本的动作或者球感、球性的培养开始的，乒乓球运动也是如此。乒乓球的球感就是对乒乓球运动有好的时间和空间的判断能力，身体运动协调有力，反应迅速灵敏。乒乓球运动属于小球运动，其球的体积和质量要比排球、足球、篮球等要小得多，但是乒乓球的弹性却很大。因此，很多初学者或者乒乓球爱好者在刚入门时很难掌握好乒乓球的弹跳规律和运动轨迹，有时甚至球掉到了地上捡了半天也捡不到。

所以说，乒乓球初学者(尤其是刚入门的青少年)一定要注重和强调乒乓球球感和球性的培养，把握击球和盯球的感觉，掌握乒乓球的弹跳规律和飞行特性，这样才有利于后续正手、反手、发球等基本功的训练和提升。通常来说，乒乓球球感和球性的培养方法有很多种，这些方法可以单人进行训练，也可以多人一起互动进行训练，而且其中的很多训练方法对场地和环境没有很大的限制，通常一块球拍和一个球就可以进行训练。如果有乒乓球桌，那么训练的方法则会更多。有些训练方法还具有一定的趣味因素，尤其是在多人互动训练中，不仅可以增加与同伴的默契程度，还可以增加和伙伴之间的友谊，实现彼此的共同进步。常用的乒乓球球性、球感的训练方法如下。

1. 拍球

拍球练习不需要乒乓球拍的参与，是乒乓球初学者和爱好者接触乒乓球时可以最先使用的乒乓球球感培养方法。具体的训练方法是：将乒乓球当成皮球，用手往地面上拍乒乓球使其弹起，然后重复这个动作。拍球练习可以让我们简单体会乒乓球的弹跳特性与轨迹。具体的训练要求可以为：(1)连续拍 10 个以上并且不失误；(2)拍 10 个为一组，拍 10 组或者 20 组；(3)连续拍 15 秒钟不失误、拍 30 秒至 1 分钟不失误。

2. 托球

托球练习可以说是拍球练习的一个进阶，托球练习中需要乒乓球拍的参与。托球练习根据难度的高低可以分为以下几种：原地站立托球、走动中托球、跑动中托球。

原地站立托球：运动员两脚开立，与肩同宽或者比肩稍宽，持拍手按照握拍要求握好球拍，另一只手把乒乓球放在球拍上，球拍面与地面平行，让身体保持稳定，让乒乓球在球拍上尽可能多停留一段时间。对于新手来说，可能由于身体的晃动或者握拍的不稳定，乒乓球很难在球拍上停留超过 5 秒，因此需要多加练习，在球晃动时要多去调整身体和手臂的位置。原地站立托球可以稳定在 30 秒之上时，就可以开始走动中托球的练习。

走动中托球：原地站立托球比较熟练之后，可以开始缓慢地往前行走，可以前进、后退、拐弯。在走动的过程中要保持乒乓球一直停留在球拍上。如果可以走动 20 米以上还能让乒乓球停留在乒乓球拍上，那么就可以进行跑动中托球的练习。

跑动中托球：顾名思义，就是在跑动中将乒乓球一直停留在乒乓球拍上。跑动中托球的难度相对较高，不仅需要注意脚下的移动，还要注意控制身体和球的稳定性。与此同时，该方法对乒乓球球感的培养也是十分有效的。

在熟练掌握跑动中托球的技术后，可以考虑和一起训练的同伴们尝试一些趣味性的托球训练方法。例如多人托球接力比赛：将一群人分成人数相同的两支队伍进行迎面接力或设置转折标记进行折返接力；第一个运动员以原地站立托球为准备姿势，在听到起跑口令后，以最快的速度向对面的本队运动员或者标记点跑去，在跑的过程中要保证乒乓球一直在球拍上，如果乒乓球落地，那么需要返回出发点重新起跑；在交接球时，用手将球递出交给下一名接力队员；然后比一比哪一个队伍在完成同样的距离中用时更少。这种训练方法不仅可以培养乒乓球的球感和球性，还可以增强身体素质，同时能够增强团队协作能力，增进队员之间的友谊。

3. 颠球

颠球是在托球的基础上的又一种乒乓球球感练习方法。具体的练习方法是：练习者一手持球一手持拍，将球连续颠起，高度约为 20 厘米，待熟练后可以提高难度，例如正、反面轮流依次颠球或绕着球台走动和慢跑中颠球等。

颠球练习时要注意以下要点：运动员抛球后，持拍手接球，乒乓球拍的拍面保持水平，用力不必太大，力量要均匀，击球的下部，使乒乓球垂直弹起；以肘关节为轴，前臂上下运动，控制好击球的力度和方向，使得乒乓球每次弹起至相同的高度；球接触拍面的瞬间，拍面保持水平可以使乒乓球尽量保持垂直的运动状态。

颠球具体的训练方法可以有很多种。(1)原地站立颠球，即站在固定的位置进行颠球，记录连续颠球的数量，开始时可能会比较不熟练，可以先把目标定位 5 个球或 10 个球，待到逐渐熟练后，可以将数量提高到 20 个甚至更多，然后 20 个球为一组，颠 10 组；或者记录时间，从 15 秒不失误一直到 30 秒、1 分钟或根据具体情况延长至更长时间不失误。(2)在对乒乓球的弹性有了初步了解之后，可以提高颠球练习的难度，我们可以尝试一高一低有规律地颠球，即颠一次高度高的然后再颠一次高度低的，有意识地控制我们颠球的高度，从而进一步掌握球性。(3)走动颠球。在原地站位颠球有了一定的基础后可以进行走动颠球的训练。在走动中，我们要进一步掌握颠球的稳定性和准确度，进一步了解球的弹性，训练的目标是可以一边颠球一边走路 20 米以上。(4)跑动颠球。和跑动中托球类似，在走动颠球较为熟练之后可以加快脚下的速度，从走动变成小跑；相应地，由于身体动作幅度的加大，我们在跑动颠球中的失误率可能也会增高，但是只要勤加练习，不仅可以快速提升我们的乒乓球球感，还可以提高我们的身体协调性和稳定性。(5)横拍原地正反面颠球：从原地颠球开始，待球的弹跳稳定后，横拍选手通过持拍手手腕的转动，交替使用球拍的正反面进行颠球。我们手腕转动一定要迅速，球拍翻转过来后一定要放平，力量要均匀，击球要准确，训练横拍手腕的灵活性。这种颠球也可进行计数和计时训练，从而不断提高颠球的水平和我们的球感。(6)横拍边走边两面颠球：在横拍原地正反面颠球的基础上，加入脚底下的动作，一边走动一边进行两面颠球，既可练手上感觉又可练脚上的灵活。在熟练后，可以尝试单脚跳的横拍正反面颠球，这种训练方式的难度会比走动正反面颠球要高一些，但是可以更好地锻炼身体的协调性与球感。

4. 抛球

抛球是乒乓球运动中发球环节必不可少的一个步骤。抛球质量的高低在很大程度上影响着发球质量的高低，再加上国际乒联规定了发球时不能有回抛的动作，所以抛球也是我们需要主动去训练和加强的。

非持拍手低抛球：预备动作，运动员两脚张开，与肩同宽或者比肩稍宽，持拍手按照握拍要求握好球拍，另一只手自然伸直，手掌张开，球自然地放置于非持拍手的手掌中，运动员目视掌心，保持身体的稳定。抛球时，用手将球几乎垂直地向上抛起，不使球发生旋转，并且要让球在离开手掌后上升不少于 16 厘米，等待球落下后，用非持拍手将球接住。上述的完整流程算作一次抛球。在抛球时，一定要注意手掌是竖直向上发力的，这样才能让球尽量地竖直往上运动，才不会有回抛的情况出现。

非持拍手高抛球：在乒乓球比赛中，发球质量的高低对战局的影响是非常大的。发球可以有低抛发球和高抛发球两种，高抛发球需要把球抛到一个相对比较高的高度，这样乒乓球的下落距离就会变长，球落到球拍表面的速度也会越大，这样发出的球旋转也会更强。因此，高抛发球的速度、旋转和质量通常都是较高的。高抛发球的预备动作、抛球动作和低抛发球是一致地。同样地，注意让乒乓球脱离非持拍手后竖着向上飞行，不使球发生旋转，并使球在脱手后上升高于发球运动员的头部，然后等待乒乓球下落，用非持拍手将乒乓球接住。在重复练习时，我们一定要做到动作的连贯完整，且不能追求练习的速度而缺失练习的质量。

抛球后球拍接球：在我们低抛或者高抛球之后，待球落到我们的手肘高度时，用球拍去接球，拍面保持水平使乒乓球竖直往上弹起。等待乒乓球第二次下落时用非持拍手接住。在这个练习过程中，除了要注意抛球时的一些技术要点，还要注意第二板接球的技术要点。在第二板的接球中，一定要注意球拍保持水平，这样才能让球触拍后能竖直往上弹起。同时，要注意接球的力度，保证每次练习时都能将球击到相同的高度，这样才能更好地培养我们的抛球感觉和抛球后接球的稳定性。

在练习有关抛球的一系列技术时，我们都要注意将动作做完整，包括预备动作、抛球动作和接球动作等，这样才能使得动作连贯，才能为我们发球水平的提高起到一定的作用。

5. 击球

击球练习主要是指练习者按照要求握拍，然后用球拍去击打乒乓球从而熟悉击球的特点和规律。

击球练习的实现方法可以有很多种，例如：使用一根固定着乒乓球的细线，细线的一端固定在高处，然后让乒乓球垂直落下，待乒乓球在最低点保持不动之后，我们可以用持拍的那只手去击打乒乓球，等到乒乓球再次稳定在最低点时，就可以进行第二次击球。在刚开始练习时，我们可以不用注意击球动作是否标准，我们主要去找击球瞬间的那个感觉即可。

第二种训练方法是对墙打。这种训练方法不需要严苛的训练环境，只需要一面墙即可。其具体的训练内容是，用正确的握拍方法对墙连续击球。在击球时我们要注意：球拍稍后倾，击球中下部，将球击到对面墙上反弹回来再直接打过去，连续打不失误。训练的指标可以是数量或时间，即连续对墙击球一定的数量不失误(例如 30 次)和在一定的时间内(例如 30 秒)对墙击球不失误。对墙打具体还可以分为正手对墙打、反手对墙打和正反手交替对墙打。在练习时一定要注意手上力度的控制，用力过大或者过小会明显改变球的运动弧线，相应地就需要我们身体有较大幅度的晃动，这样会很容易产生失误。

击球的练习方法有很多，既可以是一个人练习，也可以是两人甚至多人一起练习。上述介绍的两种训练方法是单人常用的方法，如果单人练习觉得比较枯燥，也可以选择多人参与的击球练习。两人(或多人)空中对打就是一种可以多人参与的击球练习方法。具体的练习方法是：两人相距一米左右，用正确的方法握好球拍，将球击打给对方，连续击球不落地。击球时的注意事项和对墙打类似。训练指标也可以是数量和时间，具体可以参考对墙打的训练指标。多人练习方法相比单人训练更有趣味，不仅可以培养球感和球性，还可以增强我们的合作意识和团队协调能力。

6. 传球

传球是一种既可以单人练习也可多人练习的乒乓球球感培养方法。其主要的练习原则就是，先将乒乓球颠起来，然后再用球拍通过卸力等方式将其稳定地停在球拍之上。常见的练习方法有三种。

用力颠球后接球：首先从原地站立颠球开始，使球弹跳稳定，颠球的高度不需要太高，高度稍低于眼睛前方即可。在准备好接球后，在球落到拍面的一瞬间，手臂带动手腕竖直向上发力使球垂直上升超过头顶的高度，然后待球从最高点落下，在球下落至球拍的瞬间缓慢卸力，使球的上升高度慢慢降低，最后使得球水平停在球拍之上。

颠球后移动接球：这个练习方法需要两个人的参与。在练习时，两个人一组，一方从原地颠球开始，逐渐提升颠球的高度，等待颠球稳定之后，用力将球向同伴所在的方向颠起；同伴用球拍接球然后控球，并且逐渐转换成颠球，待颠球稳定之后再次将球传给另一个同伴，然后多次练习。传球时一定要注意力度和方向，力度要合适，方向要正，这样才能在传球的时候减少失误，才能增强训练的连续性。同时，在接对方的来球时一定要注意脚底下的移动，脚不能站死，多注意步法的使用。

多人颠球接传球：这种练习方法是在颠球后移动接球的基础上发展起来的。多人围成一个圈，其中一名运动员从原地站立颠球开始，待颠球稳定后，用力向上将球颠出，此时一定要注意增加颠球的高度，与此同时喊出其他运动员的姓名；被喊到姓名的运动员要快速上前接住即将下落的球，然后再将其转化成颠球，在将球颠高的同时喊出其他运动员的名字，然后继续传球。为了增强该练习方法的趣味性和挑战性，可以增加一些惩罚措施。如果某个队员没有成功接住球，可以让他唱首歌或者做一些简单的身体素质练习。这种多人训练方法不仅可以训练我们的乒乓球球感，还可以训练我们的反应速度和敏捷性。

7. 上台击球

乒乓球比赛最终还是要落实到乒乓球台上的，因此仅仅练习脱离球台的球感训练方法是不够的，最终还是要结合乒乓球台一起训练球感。结合球台的球感训练方法是最贴近实际训练和比赛的训练方法，可以帮助我们了解和掌握乒乓球在球台上的弹跳规律，同时方便我们找到合理的发力大小和发力方向，这样才能将乒乓球击到对方的台面上。

上台击球的练习方法也有很多。比较初级的是颠球后球拍击球，其具体的训练内容是：非持拍手抓球，然后将球从一定的高度释放，让乒乓球落在台面上并且反弹，待乒乓球反弹到合理的高度时，另一只手握着球拍将球击到对面的台面上。这种练习方法可以快速帮助我们找到乒乓球的弹跳规律。初学者在练习时可能会出现找不到击球点从而漏球的情况，多加练习则会有很大的改善。在练习时要注意击球的力度和方向，尽量将球击打到对方的台面上，减少出界或者下网的情况。在练习得比较熟练之后，我们可以尝试正、反手分别训练。

比较进阶的方法则是上球台进行单项平击发球的训练。对初学者或者新手来说，学会发球是上台练习的第一步，我们可以先学习最简单的正手发平球。其具体的练习方法是：按正规的发球方法将球先击在我方台面上，并使球弹起从而越过球网，再落下触及对方台面。在练习时，我们可以用多球进行发球练习，将一盆球放在球台的左侧方，训练员按照正确的方法站好位，左脚稍前，右脚在后，从盆中拿一个球，抛起做发球动作，使球先触及本方台面然后弹跳越过球网，最后触及对方球台。具体的训练指标可以为：记录成功发球的数量，在刚进行学习时标准可以定得低一些，例如发 20 个球要求成功 10 个，然后慢慢提高合格率，最后争取做到 90%以上的球可以成功发出。值得注意的是，在练习时，我们不要一味地只将球发到某个固定的半台中，而要有发球落点的变化意识。我们可以把球台分成三个部分：对方的正手位、对方中路、对方反手位。我们在训练平发球的时候要有意识地将球发到这三个区域。随着练习水平的不断提高，我们还可以注意发球的长短。除了使用多球进行练习之外，还可两个运动员在球台上进行发球练习，主练者练习发球，方法如前所述；陪练者则用手将球抓住，然后再将球传回来。这样反复练习，陪练者也可以借机熟悉乒乓球的弹性，然后主练和陪练互换继续练习。

乒乓球球感和球性的提高是需要长期的击球动作积累的，量变才能引起质变，击球次数越多，球感才会越好，而这也是乒乓球运动的特点。一个专业的乒乓球运动员如果长时间不接触乒乓球，其球感和球性也会出现一定的下滑。因此，除了保持正确的击球姿势以提高乒乓球球感外，还需要数量上的多加练习和巩固。只有日复一日、年复一年、坚持不懈地提高练习数量，我们的球感和球性才会越来越好，我们在实际比赛中才会更加从容，胜算自然也就会越大。

第二节　乒乓球的训练原则

原则在《现代汉语词典》中的意思是“说话或行事所依据的法则或标准”，现在主要指经过长期经验总结所得出的合理化的现象。原则体现在我们生活中的方方面面，学习有学习的原则，工作有工作的原则，甚至体育训练也有自己的原则，而且每一种体育运动的训练原则都会不一样。原则都是根据长期珍贵的经验总结得出的，所以是有所依据的，根据原则进行有针对性的训练可以极大地提高训练的效率和质量，可以做到事半功倍的效果。本节主要向大家介绍体育训练的原则和乒乓球运动的训练原则。

一、体育训练的原则

体育训练的原则是指在训练过程中必须遵守的基本行动准则和要求，是人们在长期的体育训练实践基础上所积累的各种经验与概括，也是体育训练活动基本规律的反映。具体来说，体育训练的原则可以有以下方面。

1. 循序渐进原则

循序渐进原则是体育锻炼的基本原则之一。俗话说，人不能一口气吃成一个胖子。不管在哪一项专业的体育运动中，新入门的小白想要达到专业的水平，都需要一步一步脚踏实地，这是一个日积月累、循序渐进的过程，量变才能引起质变。循序渐进原则指的是根据人体身心发展的规律和个人实际情况，逐步提高体育训练的内容和强度，使我们的机体功能渐渐得到改善和提高。循序渐进是人体适应环境的基本规律，只有遵循这个规律，才能取得良好的训练效果。相反地，如果不遵循该规律，那么我们的训练质量和效率很难达到一个比较高的高度，甚至有可能出现身体损伤和运动性疾患。坚持循序渐进的原则要做到以下几点。①选择合理的训练内容：在选择训练内容时要，根据自身的体质情况和运动基础来进行选择，体质比较好或者有过一定运动基础的人，可以选择比较剧烈的运动方式，如各种竞技运动项目；体质较弱或者没有运动基础的人，开始训练时可选择比较缓和的运动如慢跑等，等待体质得到一定的增强后再选择较为剧烈的训练内容。②注意运动量的递增：无论是什么体育项目，在进行训练时都要保证运动量由小到大逐步增加。开始训练时，持续时间要短，运动量不要过大，等待我们的机体适应这个程度后再逐步加大。但是要注意，如果运动量长期停滞在一个水平上，机体的反应就会越来越小，从而会大幅度降低我们的训练质量。③单次训练也要注意循序渐进，从而最大化保证训练质量和我们的机体安全。

2. 自觉积极性原则

自觉积极性原则是体育训练中十分重要的一个原则。体育训练不同于人们日常生活和劳动中的一般躯体活动，更不同于动物的走、跑、跳、投、攀登等自然的本能动作。因此，体育训练并不是一件轻松的事，有时甚至会十分劳累。自觉积极性原则要求体育训练者有明确的训练目标，了解体育训练的好处和价值，从而可以自觉、主动、积极地参加体育训练活动。体育训练是一个自我提高、自我完善的过程，需要克服自身的惰性。体育训练是一项需要全身肌肉和组织参与的活动，因此，还要有一定的作息制度做保证，从而使参与训练的肌肉得到充分休息。只有在心里把体育训练当作生活中不可缺少的组成部分，才能有效达到体育训练的目的。其实，自觉积极性原则不仅适用于体育训练，在很多其他领域也起到了十分重要的作用。例如在学习和工作上，自觉积极性也是必不可少的。通常来说，自觉积极的人都有出色的表现，因为人是会有惰性的，所以就更加体现出自觉积极性的重要性。

3. 个别性原则

每个人都是独立的个体，所以每个人的身体素质和实际情况均不相同。因此，我们在选择训练内容时要充分考虑个体的差异，如年龄、性别、体能、体格、健康状态、训练目的、训练经验等。年龄较大的人可以选择一些低强度、不那么剧烈的训练内容，例如慢跑、快走等，这样可以在保证自身安全的情况下得到一定的训练效果。年龄比较小的运动者就可以选择一些强度较大、比较激烈的训练内容，例如长跑、球类运动等。总而言之，只有根据个人的实际情况，选择最适合自己的训练内容和方法，运动负荷也要和自身情况相匹配，才能达到最好的训练效果。

4. 区别对待原则

区别对待原则和个别性原则相似但不相同。可以说，个别性原则是对训练者自身而言的，而区别对待原则是对教练而言的。运动教练要根据训练者实际情况的不同来选择不同的训练内容和安排。具体来说，可以细分为区别对待原则、差异原则和区分原则。(1)区别对待原则是指教练根据每个训练者的不同身体情况和运动基础给予不同的训练安排和方式，从而达到更有针对性的效果，提高训练效率的同时保障训练者的安全。(2)差异原则是根据训练者个体的差异和体型、状态、遗传、病史等因素进行综合性考察，从而制订最合理最高效的训练计划。(3)而区分原则是根据训练者的个人实际情况来进行选择训练内容和训练强度，千万不能人云亦云、盲目跟风，从众选择的训练内容并不一定是适合自己身体情况的，所以一定要选择最适合自己的训练内容和训练强度，盲目效仿别人只会给我们自己带来负面影响。遵循区别对待原则可以更好地为每个训练者量身定制最适合自己的体育训练内容，提高运动训练的效率和质量，达到更好的效果。

5. 避免劳累过度原则

我们都知道，人体是有一定负荷的，如果我们的训练强度过大，超过了身体的负荷，那么这会让我们的身体过度劳累，降低训练质量，严重时还会带来一定的身体损伤。过度劳累是体育训练中十分常见的一种慢性病理状态，有时也可以称为过度训练综合征。1983 年在美国召开的第五届国际运动生化会议上，对疲劳的定义取得了统一的认识，即“疲劳是机体生理过程不能持续在特定的水平上，或整个机体不能维持预定的运动强度”。在我们的日常生活中，除了大运动量训练以及激烈比赛后会出现过度劳累外，体育锻炼者急于求成或不考虑自身条件盲目训练也会导致这种状态。这种病理性状态很容易导致我们的机体功能紊乱和代谢异常，从而损伤我们的身心健康。训练者们要善于在训练中观察、判断过度疲劳的状况，从而停止训练然后及时处理，最大限度地避免过度劳累对个人健康的损害。体育训练疲劳具体可以反映在以下几个方面：在生理上表现为肌肉的酸胀与僵硬、肌力下降、关节活动不灵、心率加快、呼吸加快等；在心理上可能会有情绪不宁、失眠、注意力不集中、记忆力下降、判断失误等。当生理与心理的疲劳交叉在一起时，对我们带来的危害则会更大，因此在训练时一定要注意避免劳累过度，保护我们身体和心理的健康。

6. 适应性原则

体育训练的适应性原则包括适应、适当的负荷、适宜的运动量和适可而止。适应指的是身体适应增加或减少的身体需求能力，这也是我们学习协调肌肉运动和发展运动特定技能的一种方式，例如骑行、游泳、射门、投篮等需要反复练习的训练动作，在第二次后就会变得更加容易。我们在进行一项新的运动之后，很可能会产生肌肉方面酸痛的反应，但是只要经过几个月或几周的系统训练，这种酸痛感就会逐渐消失，这其实就说明了适应性的产生。因此，当我们的身体出现适应性时，我们就必须加大训练的强度。适宜的运动量要根据我们的身体情况掌握，不要超负荷或过度训练。适可而止则是指训练一定要适度，不要过度透支自己的身体和能量，要在可以把控的范围内进行训练，缓慢增大强度，从而提高训练的质量。

7. 恢复性原则

我们在经历较高强度的体育训练后很容易产生身体疲劳的现象。出现这种情况时，我们无须担心，这说明我们在上一次或者前几次的训练中肌肉和身体得到了一定的训练。但是同时也要注意，疲劳时，我们一定要把握好训练的节奏，不能再继续顶着疲劳训练，否则可能会真的对我们的机体带来损害。此时，我们应该做的就是养精蓄锐，好好休息，给下一次高质量的训练打好基础。根据“超量恢复”的原理，人体机能的提高是通过“负荷—疲劳—恢复—再锻炼”这样一个循环往复的过程实现的。因此，为了从锻炼中获得最大收益，在下一次锻炼之前必须注意休息，以使体力得以恢复。

8. 意识性原则

在日常的训练过程中，我们一定要充分理解训练的目的、方法和效果，时刻带着目标意识和上进心进行训练。这意味着我们必须事先明确自己的训练目标，并制订量身的训练计划，以便我们在训练中能够保持专注和自律。通过意识性原则，我们能够更好地理解身体运动的含义和价值，从而更好地进行体育锻炼，达到更好的效果。

9. 培养兴趣原则

俗话说，兴趣是人的第一任老师。当一个人对一项事物产生兴趣时，他会对其表现出极大的主动性和自觉性，从而达到身心融为一体的效果，这一点在体育运动上可以得到体现。这是因为兴趣是我们认识事物和从事活动的意识倾向，能够激发个人的运动潜力，提高运动训练效果。通过培养兴趣，我们可以更好地享受体育活动所带来的乐趣，从而保持健康的心态和积极的态度，而良好的心态和积极的态度又会促进我们的训练热情，从而形成一个良性循环。因此，在体育训练中，培养兴趣是非常重要的一步，也是达到身心和谐的关键。值得一提的是，如果对某项运动很难提起兴趣，我们一定不要强迫自己继续从事该运动，而是要果断放弃，要找到我们真正感兴趣的运动。

10. 制订计划原则

当把计划理解为动词(动作)时，其定义为根据对外部与内部的分析、预测，提出在未来一定时期内要实现的目标并制定出实现目标的途径、方案的过程。在我们的日常生活中，有很多方面都需要制订计划。例如在工作时，我们会制订相应的工作计划，以保证我们可以在规定时间内把工作完成到一定的程度。在学习方面亦是如此，制订合理科学的计划并且去执行它可以大幅度提高我们的效率。而在体育训练中，计划的制订也尤为重要。我们可以制订符合我们实际情况的训练计划，并且可以细分为日计划、周计划、月计划、季计划、年计划等。通过完成计划，我们可以提高训练水平，提升自身的能力。需要注意的是，计划的制订一定要具有针对性和科学性，盲目地制订计划只会好高骛远或者达不到自身的训练强度。在制订好科学的计划之后，就一定要坚持不懈地去执行，且不能三天打鱼两天晒网，不能觉得累就降低训练质量或者半途而废。只有长期坚持下去，制订计划的优越性才能得以体现。

11. 超载原则

超载原则的含义是在超负荷训练中，适当增加训练强度和重量，以达到更好的效果。根据超负荷的运动科学原理，为了提高身体健康、力量或耐力，我们需要在身体上施加大于正常的压力或负荷。这意味着我们必须相应地增加训练重量或强度，通过对抗大于习惯性负荷来逐渐施加压力；同时，为了增加耐力，身体肌肉必须进行更长时间或更高强度的训练。但是相应地，这种训练强度和重量的增加会让我们在初期有些不适应，可能会难以坚持下来，但是为了突破自身的舒适区，为了更好的训练效果和更高的训练质量，我们也要咬牙坚持下来，这样才能一点一点地进步，从而达到甚至突破身体的极限。

12. 训练前热身原则

热身的重要性毋庸置疑，它是预防和减少运动损伤的主要措施之一。热身运动又叫准备运动，指身体在进行运动之前，先进行较轻的活动量，为随后的运动做先行准备。热身的目的主要有以下几点。①减少运动损伤。热身动作能够提高我们神经和肌肉的兴奋性，从而减少肌肉的黏滞性，同时提高身体关节的灵活性与身体的协调性。②适当地提高心率。运动前的适度热身能够提高自身心率，有效减少因运动出现的心率加快引发呼吸急促等问题。③减少肌肉酸痛的发生。运动前的适当热身可以让我们的身体有了很好的准备，相当于打了一针预防针，有助于放松身体肌肉，加速血液流通，减少肌肉的负荷。④调节心态，放松心情，提高专注力。在重大比赛前进行一定的热身运动，可以缓解运动者紧张的心理情绪，可以让运动者快速地进入运动或者比赛状态，提高运动表现。但是相应地，热身运动也有一些注意事项，例如：热身动作不要做得太过激烈，过于激烈的热身运动可能会使我们肌肉收缩，起到反作用，降低我们的训练或比赛表现；热身的时间不宜过长，我们在热身时做到身体微微发热出汗的程度就可以了，过长的热身会损耗我们的体力，也会降低我们的训练或比赛质量。

从小学的体育课到大学的体育课，我们可以发现，在进行较大强度的体育训练之前，体育老师们都会带着我们做统一的准备活动。甚至在观看奥运会的赛事中也可以发现，国际一流的运动员在比赛开始前也会做热身，由此可见热身的重要性。特别是在气温较低的秋冬季节，机体在受寒冷的刺激时，血液流动会比平常慢，肌肉、韧带的伸展性会明显降低，关节的灵活性也会随之降低，如果没有充分的热身活动，很容易导致肌肉拉伤、关节扭伤、韧带撕裂等运动损伤。此时，我们更需要充分的热身。

13. 训练后放松拉伸原则

与训练前的热身一样，训练后的放松也十分重要。在较高强度的训练后，我们一定要做好放松运动。运动后放松有避免身体疲劳和适当补充能量的作用。激烈运动训练后，能量代谢产生的很多废物(如乳酸)会在身体中堆积。适当的放松活动(例如慢走)就好比是启动了传送带的动力装置，可以帮助我们的身体提高废物移动速度，有利于废物排出体外。除此之外，放松活动还有以下好处：

(1) 保持肌体机能：运动后放松可以使肌肉全面得到放松还原，只有这样，肌肉才会保持良好的机能，收缩有爆发力，抻拉有韧性，全面的放松可以达到肌肉最大的功效。同时，肌肉放松能有效增加收缩前的肌纤维长度，放松对抗肌群，提高肌纤维收缩速度，增大肌张力，提高柔韧性，增大动作幅度。

(2) 提升机体耐力：提高肌肉放松能力，可以减轻肌肉酸痛，提高肌肉工作效率，改善肌肉的供能过程，从而有利于速、度耐力的提高。

(3) 改善神经功能：肌肉放松有利于改善神经系统功能，减少大脑皮质的负担，加快大脑皮质中枢兴奋和抑制转换的灵活性，从而加速运动技能的形成，提高完成技术动作质量，并有利于提高动作速度、加大动作力度。

(4) 加快血液传输：放松活动后能减少血液淤积，可加速全身血液重新分配，促进乳酸代谢，有助于消除疲劳、加速肌肉机能的恢复。因为运动时血液主要分布于运动器官，以保证运动时能量代谢的需要，运动后如不做放松练习而突然停止不动，极易影响静脉回流，使身体不适甚至休克。

(5) 提高训练质量：放松可以提高训练质量，对训练计划的进行是有力的保证。放松活动后能使心血管系统逐渐恢复正常，能减轻关节压力，可以松弛紧张情绪，使身体尽快恢复正常状态，而自然休息很难使紧缩的肌肉完全恢复。总之，训练后放松是我们必须重视的一个环节，只有这样才能让我们的身体机能和竞技水平保持在一个较好的状态，才能提高下一次训练的质量，提升我们自身的水平。

14. 训练后的恢复原则

在每一次训练完成之后，我们一定要让自己的身体有一个良好的休息和调整过程，这样能让我们紧绷的肌肉和神经得到休息，从而为下一次的训练积累能量。需要注意的是，有些事情是我们刚训练后切不能立马做的，例如：

(1) 训练后不要马上蹲坐休息。这一点我们在体育课上已经有所领会。在每次跑完长跑后，体育老师都会告诫我们不要坐下来或者躺下来，如果激烈训练后立即蹲坐休息，会阻碍下肢血液回流，影响血液循环，加深肌体疲劳。因此，在每次运动训练后，可简单地做一做拉伸运动，让身体逐渐放松，等呼吸渐渐平稳后再去休息，或者可以缓慢地走一走使我们的心跳和呼吸平稳。

（2）训练后不要马上洗澡。人在运动后体温会升高，体内的毛细血管会扩张，皮肤会通过大量排汗来带走热量。如果此时洗澡，尤其是在洗澡水较凉的情况下，会令皮肤的汗腺排汗突然停止，导致身体散发不出热量，从而对身体恢复不利，严重的情况下还会引起肌肉痉挛，降低免疫机能，引发感冒、伤风和气管炎等疾病。

（3）训练后不要立马吃饭。人在高强度的体育训练后，运动神经中枢会处于高度兴奋的状态。在这种情况下，管理内脏器官活动的副交感神经系统则加强了对消化系统活动的抑制。另外，人在高强运动时，全身血液会集中地供应运动器官的需要，而我们腹腔内各个器官的供应则会相对减少。如果这个时候着急吃饭，就会大大增加消化器官的负担，引起肠胃功能紊乱，甚至引发各种疾病。

（4）在训练后不要骤降体温。人在运动时肌体表面的血管会扩张，体温会升高，毛孔舒张，排汗增多。如果此时骤降体温，例如洗冷水澡、吹空调、吃冷饮、喝冰水等，会使皮肤突然紧缩闭汗而引起体温调节等生理功能失调，致使免疫功能下降而引起感冒、腹泻、哮喘等疾病。

15. 特殊性原则

在训练时，我们需要根据运动条件的变化来及时调整训练方式，以达到最佳的训练效果。我们的训练效果会因为施加的运动刺激不同而发生变化，所以我们必须选择符合目的的训练方式（如负荷方式、强度、速度、关节角度等）。特殊性原则就是要求我们在特定的训练或运动项目上进行有针对性的训练，例如通过特定的跑步方式、游泳方式来锻炼特定部位的肌肉。通过特殊性原则的训练，我们可以使运动更加完美，达到最佳效果。

16. 自我保护原则

不论是在训练中还是在实际比赛中，我们都要做好自我保护，即根据自身的体力和情况量力而行。尤其是有基础疾病的患者，在锻炼过程中更要密切关注自身的反应和状态，一旦出现不适则要立刻停止锻炼，及时就医。同时，我们需要养成良好的生活和运动习惯，在饮食方面多吃高蛋白、易消化的食物，多吃绿色的蔬菜水果，保证维生素和微量元素的合理摄入，训练后要充分补充电解质，保持充足的睡眠和休息，少碰烟酒少熬夜。这些措施可以有效预防运动损伤，保护身体健康。

二、乒乓球运动的训练原则

乒乓球运动的训练原则是乒乓球训练工作客观规律的反应，是长期从事乒乓球训练工作实践的经验总结和概括，是进行乒乓球训练工作必须遵守的准则和基本要求。

随着乒乓球运动训练实践的不断丰富、训练经验的积累，以及对训练的过程和规律的不断深化，乒乓球运动的训练原则也在不断完善。在乒乓球训练中，每个原则都不是孤立的，这些原则如同体育训练的原则一样，是有机组合起来的，紧密联系并且相互作用的。总的来说，乒乓球运动的训练原则和前文介绍的体育训练的原则相似却又不完全相同，即二者存在一些细微的差别，但是整体的训练思路和科学道理还是保持一致的。目前，常见的乒乓球训练原则如下。

1. 系统性原则

乒乓球训练中的系统性主要是指从接触并训练乒乓球开始，直到打出成绩、保持成绩并且不断提高乒乓球技术的整个训练过程，这个过程是连贯的、不可间断不可分割的。例如，两个从小接触乒乓球训练的运动员，一名一直接收完整、系统的乒乓球训练，一名在中途中断过训练几年。等到这两个运动员都成青少年后，接受完整训练的很有可能会比训练不完整的具有更好的竞技表现和竞技水平。同样地，凡是在世界乒坛取得一定成就的出名乒乓球运动员，他们肯定都是从小就接受完整系统的训练，再加上后天的努力，最终脱颖而出。实践证明，运动员如果想要取得优异的成绩，就必须经过多年系统的训练。倘若某个运动员接触的是短期、零碎、时断时续、脱节的训练，那么他是不可能成为真正优秀的乒乓球运动员的。其实，不止乒乓球是这样，任何一个体育项目均是如此。在乒乓球的训练中，各个训练过程、训练内容都是彼此相关、相互影响、相互促进的。例如，正反手基本功越扎实，在后续的相持或者弧圈球训练中就更加游刃有余。学习和掌握运动技能的本质都是建立一种肌肉记忆和条件反射，而如果在系统的训练过程中出现了间断，就会使已经建立起来的条件反射消退。因此，想要做到已经获得的条件反射和肌肉记忆的维持及巩固，就必须经过长期系统完整的训练，不能三天打鱼两天晒网。贯彻系统性原则时要注意以下几个问题。①训练要从娃娃抓起，一定要坚持从小训练、多年训练、系统训练。任何体育项目想要出成绩都需要多年的付出和努力，对于乒乓球来说，一般需要 8~10 年的训练时间，而且要把这 8~10 年划分成若干的训练阶段，例如基本功训练、各个技术的衔接训练、实战训练等。需要注意的是，每个训练阶段要有机结合，不能是脱离的，这样才能达到系统性的效果。只有保持训练的不间断，坚持下去，才能取得优异的竞技成绩。②每一天、每一周、每一月、每一年的训练都需要有机结合起来，训练的内容要具有系统性和完整性，不能今天练这、明天练那，要使上一次的训练成为下一次的准备，使下一次训练成为上次训练的继续和提高。只有这样，才能使训练达到一个系统，才能脚踏实地提高乒乓球技战术。

2. 适宜负荷原则

适宜负荷是指在训练中根据个体的适应能力和目标来确定合适的负荷水平。它强调了根据每个人的实际情况来制订训练计划，以实现最佳效果，即在训练中给予相应强度的负荷，以取得更好的训练效果。

不管是哪种体育项目，运动员在训练过程中如果承受了一定强度的负荷，那么我们的肌肉和身体就会产生反应，从而产生相应的训练效应。但是考虑到身体有一定的耐受性，长时间保持同一种负荷会达不到训练效果。而过高的负荷又会损伤我们的身体，影响下一次的训练效果。因此，训练负荷的安排对训练效果有着至关重要的影响。在实际训练过程中，教练员应该从实际情况出发，根据不同运动员、不同技战术打法、不同训练阶段、不同身体状况来制定适宜的负荷。应该注意循序渐进，有节奏地递增运动员的运动负荷，直至最大限度，并且要处理好负荷和身体恢复的关系。身体会有负荷，这一点我们大家都比较了解而且易于接受，但是其实，人的心理也会有一定的负荷。长时间地从事乒乓球专项训练，多多少少会觉得枯燥乏味，可能会产生一定的厌倦情绪。与此同时，对于一名职业运动员来说，比赛的胜负、训练指标是否完成、社会因素、舆论压力以及运动员自身的身体状况(是否伤病)都会对运动员的心理负荷产生影响，直接或者间接地增加运动员的心理压力，甚至会影响运动员的职业生涯。因此，当心理负荷达到一定程度后，我们一定要注意排解和恢复。有时比赛可不必提出指标，让运动员可以放松参赛，或许能发挥出更好的实力，取得更好的成绩。

3. 周期安排原则

乒乓球训练的结构是呈现周期性的其原因有以下几方面。(1)周期性是指具有重复性、循环性的特征或行为。周期性是物质运动的一个普遍规律，整个世界亦是如此，在乒乓球训练上也不例外。竞技状态是我们都已经十分熟悉的概念，当运动员处于较好的竞技状态的时候，就更有可能取得优异的成绩，拿到更高的名次。不过，即使是专业的职业运动员，也很难一直保持较好的竞技状态，也就是很难有人可以一直站在山顶。因此，竞技状态的获得、保持和消失也是呈周期性的。人体的生物性保护本能就决定了运动员获得的竞技状态在保持一定时间之后，必然会进入一个渐退乃至消失的阶段。(2)人体身体机能的提高是通过“负荷—疲劳—恢复—提高”这样一个循环往复的过程进行的。进一步讲，人体机能的提高就是这样一个呈周期性循环的过程：首先是外界给予负荷，由此导致能量物质的消耗，然后又通过恢复使能量物质再生；在人体机能恢复之后，又进而通过超量恢复，使机能获得提高。这样，一个过程结束了，接着，又要开始新的过程，在新的高度实施新的负荷，即在新的高度进行新的循环。这就是人体机能提高的一个最简单的模式。(3)不管是什么体育项目，运动训练的直接目的都是在比赛中取得更好成绩，为自己为国争光，而比赛日程的安排通常和季节周期密切相关。在我国，大型比赛一般在春季(4 月)和秋季（9 月、10 月)举行。世界乒乓球锦标赛两年一届，一般在春季举行(3 月、4 月)；奥运会四年一届，一般在夏季举行。因此，我们在安排训练时，需要以此周期为依据。换句话说，就是教练员应根据竞技状态形成的规律，通过合理的安排，使运动员在预定的比赛期内表现出最佳的竞技状态。

4. 统一安排和区别对待原则

不管是较为业余的兴趣爱好培训班还是专业的国家队，其训练模式都是一个教练要负责很多运动员，而每个运动员的技战术水平、身体情况都不一样，所以统一安排和区别对待就显得尤为重要。在整个训练过程中或者训练的某一个阶段，教练员安排的训练内容、方法手段以及提出的训练要求都要考虑全球队需要解决的共性问题；除此之外，还需要考虑每个运动员的不同情况来解决每个运动员的特有问题。也就是说，在乒乓球训练中，教练员不仅需要具有统一的安排，促使全队共同提高，还需要有区别对待，针对不同特点的运动员有着不同的培养措施。

统一安排是指全球队需要共同解决的问题，规定一定的时间，按照一定的方法、步骤进行阶段性训练，从而达到全队共同提高的目的。但是如果只考虑统一安排的话，由于不同运动员的接受能力和训练习惯不同，时间长了之后可能会出现进步缓慢或者技战术越练越不全面的情况。此时就要人为地加以干预，也就是区别对待。区别对待主要是根据每个运动员不同的技术特点和身体状况，在训练内容、手段、方法、步骤上加以调整，让其有更好的训练效果，使自身的技战术更加全面。

在实际训练过程中，球队教练员必须善于根据不同的训练期、本队的训练水平、每个运动员不同的技术水平、身体素质、竞技状态情况，使统一安排与区别对待有机地结合起来，灵活地加以运用。例如，在训练的时间分配上，对少年儿童运动员或训练时间较短、训练水平较低的运动员，统一安排的时间可以多一些，以便他们有更多的时间打好基础，练好基本功。而对于训练水平较高的运动员，或者接近比赛的训练阶段，区别对待的训练时间则可以多一些，以利于根据个人的不同特点形成不同的技术风格或者调整自身的竞技状态。对于水平较高的运动员来说，基本功都比较扎实，因此需要区别对待来补齐他们的短板——接发球不稳就在赛前多练接发球，发球质量低就在赛前多练发球。实践证明，只有真正贯彻统一安排和区别对待原则，才能使训练取得更好的效果。这也是所有优秀的教练员都具备的训练理念和球队管理措施。

5. 基础技术和特长技术结合原则

如今，虽然中国乒乓球的水平在世界上依然保持领先，但是不可否认有一些国家的乒乓球水平也在不断提高。俗话说，打江山易而守江山难，中国队要想一直保持领先的地位，就需要付出更大的努力。从现代乒乓球技术来看，运动员要想具有较高的世界排名，也就是具有较强的实力，不仅需要掌握现代乒乓球打法的全部技术，还需要具有自己的特长技术。

技术全面要求运动员在技术上不能有明显的技术漏洞，既能对付各种不同类型打法，又能依据不同来球灵活采用相应的技术。需要注意的是，技术全面的要求不是一成不变的，它会随形势的发展而有所变化。运动员竞技能力总体结构中发展水平最高的局部叫作特长。运动员所掌握的独特的克敌制胜、成功率很高的技战术叫作绝招。优秀运动员在注意技术全面的同时，还必须特别注意发展个人的特长和绝招。

在训练实践中，应注意以下几个问题：

（1）在训练初期(运动员训练水平较低时)，可侧重于基础技术的训练，然后随技术水平的不断提高，尤其是接近或已成为优秀选手时，应突出特长或绝招的训练。

（2）在以基础技术训练为主的时期，应注意发现和建立运动员的特长技术；在以发展特长技术为主的训练时期，也应注意对基础技术的巩固和提高。

（3）训练过程中一定不能使二者脱节，不能等技术全面了再去发现特长技术，也不能过早地训练特长而忽视了基本功的训练。

乒乓球的基础技术训练和特长技术训练相结合，对提高球员的整体实力和竞技水平非常重要。基础技术训练包括乒乓球的基本技术，如正手攻球、反手攻球、正手拉、反手拉、发球、接发球、搓球等，基础技术的训练可以提高球员的基本功和技术的稳定性。在一些比较初级的少儿比赛中，较好的基本功可以帮助我们取得一些比赛的胜利，但是随着年龄的增长和技战术的完善，我们参加的比赛也会越来越高级，其中也不乏技战术水平高超的人，此时只具备良好的基本功就很难再拿下比赛了。而特长技术训练则是针对球员个人的特点和擅长技术进行精细化训练，以提高球员在特定技术上的熟练度和娴熟程度。特长技术可以是发球、接发球、拉球、搓球、控制等各个方面，选择适合自己的特长技术进行重点训练可以让球员在比赛中更具优势。例如，一个运动员不仅具备扎实的基本功，还有较为不错的发球技术，那么他在比赛中的优势就会非常大。此时，发球就算作他的特长技术，他就可以通过发球让对方陷入被动，给自己寻找抢攻的机会。

综合基础技术训练和特长技术训练可以使球员在比赛中更加全面和灵活，同时也能更好地应对不同对手和场景的挑战。

6. 基础身体训练和专项身体训练原则

在乒乓球训练和比赛中，需要调动全身肌肉的参与，因此，无论是业余的乒乓球爱好者还是专业的国家队队员，都要注重身体的训练，注重身体速度、敏捷和力量的训练，这些能力的提高对我们的运动表现有很大的促进作用。

基础身体训练和专项身体训练的结合对提高运动员的整体身体素质和竞技能力非常重要。基础身体训练包括力量、耐力、柔韧性和核心稳定性的培养，这些训练可以提高运动员的身体基础素质和运动能力。专项身体训练则是针对具体运动项目的要求，进行更加有针对性的训练，以提高运动员在比赛中所需的特定身体素质和技能。例如，在乒乓球中，专项身体训练可以包括爆发力的训练、下蹲动作的训练、眼手协调性的训练等，以提高球员在比赛中的爆发力、灵活性和反应速度。将基础身体训练和专项身体训练相结合可以使运动员在比赛中更加全面、稳定和具备竞争力。基础身体训练为运动员打下了坚实的身体基础，而专项身体训练则针对具体项目的要求进行有针对性的训练，使运动员能够更好地适应和应对比赛中的各种情况。

在训练实践中，应注意以下两个问题：

（1）必须在发展基础身体素质的基础上，逐步加大专项身体训练的强度。一般在少年儿童期的提高阶段、训练后期、竞赛期，应多进行专项身体训练。

（2）应根据不同的身体训练水平，确定不同的训练强度，例如：身体训练水平较低，则一般身体训练的强度大些；如身体训练水平较高，则应逐步加大专项身体训练强度。

7. 训练和比赛相结合原则

乒乓球训练和比赛相结合是提高球员技术水平和竞技能力的关键。训练是提高技术和战术的重要途径，而比赛则是实践和检验这些技能与战术的平台。训练就是为了比赛，训练必须服从于比赛。通过训练，球员可以系统地学习和强化乒乓球的基本技术，如正手攻球、反手攻球、正手拉、反手拉等。训练也可以帮助球员提高身体素质、反应速度、眼手协调等关键能力。训练中，球员可以反复练习、纠正错误，并逐渐积累经验和自信心。而比赛则是将训练成果转化为实战应用的机会。比赛中，球员面对真实的对手，需要在紧张的比赛环境下应对各种战术和技巧，测试自己的能力和决策能力。比赛中，球员还能更好地理解自己的优势与不足，并根据比赛的反馈进行调整和进一步改进。通过训练和比赛相结合，球员可以不断地提高和完善自己的技术与战术水平。训练和比赛的相互促进，帮助球员在实践中不断成长、积累经验和提高竞技能力。

在实际训练中，应注意以下两个问题：

（1）在乒乓球训练的初级阶段、少年的初学阶段或训练水平较低时，一般应以基本功的训练为主，打好基本功对后续的实战来说是很重要的，此阶段不宜过多地安排比赛。随着运动员训练水平的提高和年龄的增长，特别是基本功较为成熟，而且快要面临比赛时，一般应以战术训练为主，多安排一些队内队外比赛，借以提高运动员战术运用的能力，使运动员能在各种级别的比赛中正常地发挥技术水平。

（2）平时的训练如能接近正式比赛的条件，对提高运动员的心理素质、战术意识、比赛风格等均具有积极作用。但介于场地环境等因素，平时训练很难达到正式比赛的各种要求，因此，球队或者俱乐部应该给训练水平较高的运动员创造或者提供更多的比赛实战机会。训练水平越高，越需参加更多的比赛。

第三节　乒乓球技战术的训练

乒乓球技战术的训练是一个长期的过程，需要时间和努力。在训练过程中，保持积极的心态，享受乒乓球的乐趣，相信自己的潜力，从而不断提高自己的技术水平。最重要的是，坚持并享受乒乓球训练的过程。只有真正热爱并投入其中，才能通过持续的努力和训练取得技术上的突破与进步。乒乓球的技战术也有一些训练方法可循，具体如下。

一、多球练习法

乒乓球的多球练习是一种非常有效的训练方法，它可以提高球员的反应速度、击球技术和比赛应变能力。多球练习是提高乒乓球技术和应变能力的重要方法，可以根据球员的实际情况及需求合理安排练习内容和难度。下面介绍几种常见的乒乓球多球练习法。

（1）回合练习：这是最简单和最常见的多球练习方法。教练或训练伙伴使用球拍或发球机，连续地给球员发球，球员进行回球练习。练习的目标是稳定地回击对方发来的球，并逐渐增加击球力度和速度。

（2）横向多点位多球练习：这种练习方法主要针对球员的横向移动能力。在一个较长的乒乓球桌上设置多个发球点，球员需要迅速移动并回击每个发球点上的球，例如正手位两点、侧身位两点、全台三点等。这种练习可以提高球员的移动速度、灵敏度和对各个角度的接发球能力。

（3）峰值多球练习：在这种练习中，球员需要根据教练或训练伙伴的指令，在规定的时间内连续回击多个球。例如，每次回击时限为5秒，球员要尽可能回击连续发来的多个球。这种练习可以提高球员的反应速度和决策能力。

（4）指定方位多球练习：在这种练习中，教练或训练伙伴指定球员要回击球的特定方位，例如左侧角、右侧角或对角线位置。球员需要根据指定方位调整自己的位置和击球方式，并回击对应的球。这种练习可以提高球员的准确性和对不同位置的应对能力。

（5）变化球多球练习：在这种练习中，教练或训练伙伴会发出各种变化球，如上旋球、下旋球、侧旋球等。球员需要准确判断球的旋转和方向，并做出相应的击球反应。这种练习可以提高球员对不同旋转球的应对能力和击球稳定性。

（6）战术多球练习：这种练习着重于模拟比赛中的战术场景。教练或训练伙伴会以一定的战术策略发球，球员需要根据战术选择正确的击球方式和应对方法。这种练习可以帮助球员提高战术运用能力和比赛智慧。

（7）增加发球难度：逐渐增加发球难度，使球员能够应对更具挑战性的球。教练或训练伙伴可以增加发球的速度、旋转、混合球或者随机变化发球的方式，以逼迫球员提高反应和适应能力。

（8）实战模拟：将多球练习与模拟比赛场景相结合，模拟实际比赛中的各种局面和战术。教练或训练伙伴可使用战术发球、进行接球以及进行回击模拟，在高强度的练习中提高球员的比赛应变能力和战术水平。

在进行多球练习时，需要注意以下几点：①确保技术动作的正确性和稳定性，逐渐增加练习的难度；②关注球速、旋转和角度的变化，确保练习具有挑战性；③给予球员足够的休息和恢复时间，避免过度疲劳；④视频回放和分析练习过程，找到改进的空间。

需要注意的是，多球练习的球性与真人对打不尽相同，而且不利于培养盯球的意识，所以需要将多球训练与单球训练相结合，不能使这两种训练方法互相脱节。

二、单线练习法

乒乓球的击球线路可以分为五条，分别是左方斜线、右方斜线、左方直线、右方直线、中路直线，然后可以根据运动员的实际情况进行练习。

单线练习训练方法有以下几种。(1)按照规定的单一线路进行单一技术的练习，如右方斜线对攻或者左方直线对攻等。(2)按规定的单一线路进行两个或两个以上技术的组合练习，如右方斜线的削中反攻练习。(3)在同一线路上，进行近台对中台或近台对中远台的对练，如一名选手在中台拉弧圈球，另一名选手在近台快带，这样可以让两名运动员分别练到不同的技术动作。此外，还可以在单线的拉削练习中，增加短球的调动，长短结合，从而提高削球选手的前后步法。

单线练习作用包括以下几方面。(1)单线练习法可以帮助我们快速学习、熟悉某一技术或改进某动作的某些缺点，如通过右方斜线的中台对攻练习来解决攻球时发力不协调的问题。千万不要小看单一线路的练习。中台或中远台对拉弧圈球的练习对提高拉弧圈的技术具有非常好的提升效果，它不仅可以提高我们全身协调配合发力的能力，还可以提高制造击球弧线的能力。(2)可以提高单线路上两种或两种以上技术(手法和步法)的配合及其对应的战术练习。例如，为了加强左半台的进攻能力，我们可以采用左半台单线对练的方法，即在左半台范围内，练习多种技术如发球、接发球、搓、攻、挡等，并且明确战术打法。(3)通过台内小球和底线长球的配合训练，提高单一线路的前后步法和调节击球节奏的能力。

注意事项：即使是单一线路的单一技术练习，我们也不能把脚站死了，要时刻保持小碎步的移动和较低的重心，养成良好的击球习惯。

三、多线练习法

多线练习法也叫作复线练习法。常见的多线练习法有以下几种：两点打一点、两点对两点、三点打一点、三点打两点等。多线练习法不仅可以练习我们在移动中击球的能力，还能提高脚下步法的灵活性，对比赛表现的提升有着重要的作用。本小节主要以两点打一点为例进行详细介绍，剩下的几种多线打法的思路都是从两点打一点延伸出来的，因此不做过多叙述。需要注意的是，在实际练习中，这几种多线练习法应该成为一个训练体系，都应该按照计划进行训练，不能有失偏颇。

1. 训练方法

两点打一点的训练方法可以分为有规律的变化落点和无规律的变化落点。有规律的变化落点可以是一左一右、一左两右、两左两右等。一般几左几右在训练前双方都是知晓的，所谓的两点可以是半台两点、2/3 台两点和全台两大角。无规律的落点变化则是可以任意由陪练方决定左边和右边球的数量，而通常训练者需要临时调动身体和动作去找球。同时，落点也可以有所变化，例如连续给三个左边球，下一个球可以是右边的短球或者长球，这样可以更好地训练运动员的身体调节能力和球感。

2. 作用

两点打一点者可提高将几种乒乓球技术结合起来的能力，例如反手推挡与正手攻球的结合、反手攻球与正手攻球的结合等。还可以提高步法的移动速度，锻炼在走动中击球的能力，对锻炼步法的意义尤为明显。两点打一点者可提高控制与变化落点的能力。

3. 注意事项

要注意循序渐进、由易到难，先从简单的有规律两点练起，再尝试无规律的两点练习。陪练者击球的速度和落点、角度的变化应该和训练者的水平相互匹配，最好是经训练者努力后即可完成，不经努力就可完成或经过努力也难以完成的练习都是不利于提高的。练习目的不同时应有不同要求，例如在练习反手推挡结合正手攻球时，应该要求用跨步或并步来进行移动；在练习正手 2/3 台走动攻球时，要求用并步或滑跳步来进行移动。另外，还应特别注意在训练时不能敷衍练习，降低击球质量，如练习侧扑时，不能用勉强的小侧身攻，而是应该步法侧到位，然后打出高质量的球，这样才能起到良好的训练效果。

四、长短球结合和不定点练习

我们在单线练习和多线练习时可以加入长球与短球的结合，从有规律(例如一长一短)到无规律(几长几短不确定)。与此同时，长短球的落点也可以变化，例如正手短球可以结合正手长球，也可以结合反手长球。长短球结合练习可以帮助我们提高前后步法及其与左右步法的结合能力，也可以帮助我们把打台内、近台和中远台球的技术结合起来。在练习时，如果想要进一步加大难度，可以加上速度和旋转的变化，这样可以更好地模仿实际比赛中对手的来球。

不定点练习是乒乓球训练中常用的一种方法，它可以提高球员的反应能力、动作协调性和技术稳定性。以下是一些不定点练习的方法。

(1) 多角度发球。教练或搭档以不同的角度和位置发球，运动员需要迅速判断球的方向和落点，并做出相应的接球动作。这种练习可以提高对球的适应能力和反应速度。

(2) 随机发球。教练或搭档以随机方式发球，包括各种旋转和速度的球，运动员需要根据球的变化做出快速的判断和应对。这种练习可以提高反应速度和接球的稳定性。

(3) 移动间练习。在不同的位置上设置目标，教练或搭档通过发球机或手工发球，运动员需要在运动中完成接球动作，并将球打到目标点。这种练习可以提高移动能力、身体协调性和技术准确性。

(4) 实战不定点训练。与其他球员进行对抗训练，在比赛中模拟不定点发球的情况。运动员需要实时应对对手的发球变化，并找到机会进行有效的还击。

（5）持久性训练。进行长时间的不定点接球训练，模拟比赛中持续的接发球对抗。运动员需要保持专注和耐力，在不断的接球中保持准确和稳定。这种方法还可以训练我们的体力和肌肉耐力，帮助我们建立一种来球的条件反射，从而在实际比赛中更加有把握地回球。

（6）逐渐提高质量。在刚开始进行不定点练习时，我们可以把要求放低一点，保证一定的上台率即可。等到技术水平和动作稳定性有了一定的提高之后，我们就要注意回球的质量，尽量在旋转和落点上有所突破，这样才可以在比赛中给对方带来一定的压力，从而占据主动。

五、录像训练法

我们可以通过观看自己和其他优秀选手的比赛录像，分析比赛中的技术细节和战术运用，同时模仿其他选手的技术动作，学习他们的击球技巧和战术策略。以下是一些关于乒乓球录像训练法的建议。

（1）录像自己的比赛或训练。使用摄像设备(如手机、摄像机等)，录像自己的比赛或训练过程。在录像时，可选择从不同角度和距离进行录制，以便更全面地观察和分析。

（2）详细观察录像。仔细观察录像回放，注意自己的动作、技术和战术决策，特别关注击球的力度、旋转、角度以及脚步移动等方面。

（3）找出问题和改进的方向。在观看录像时，要针对自己的问题进行分析，例如是否存在击球不稳定、战术决策不准确等问题，找出自己需要改进的方面，将其作为训练的重点。

（4）对比优秀选手的录像。观看一些优秀选手的比赛录像，与自己的录像进行对比，注意他们的技术细节、战术决策和身体动作等，尝试学习和借鉴他们的优点，以提升自己的乒乓球水平。

（5）制订训练计划。根据观看和分析的结果，制订相应的训练计划。针对具体问题，进行有针对性的练习和训练，以逐步改进自己的技术水平。

（6）定期观看录像。进行观看录像和分析，以跟踪自身进步的情况，并及时调整训练计划。

（7）寻求专业指导。请教乒乓球教练或专业运动员的意见。在观看录像时，他们可以提供更专业的分析和建议，帮助我们确定改进的重点和方法。

（8）分析对手的录像。观看对手的比赛录像，了解他们的技术特点和战术策略。通过分析对手的录像，你可以更好地应对他们的打法，并提前制定有效的应对策略。

（9）观察比赛中的局势变化。录像回放不仅可以关注个人技术，还可以仔细观察比赛过程中的局势变化和战术调整。观察双方的进攻与防守策略，有助于我们思考如何根据不同的局势做出最佳决策。

（10）记录关键时刻和失误。在观看录像时，重点关注自己在关键时刻的表现和可能导致失误的细节。记录这些关键时刻和失误，有助于我们在后续训练中有针对性地加以改善。

（11）制作动作片段合集。将技术上的亮点和精彩动作片段剪辑成合集，随时可以进行回顾和激励。这有助于增强信心和改善自我形象，同时提供练习时的参考和借鉴。

通过乒乓球的录像训练法，球员可以更加客观地了解自己的问题和不足，并有针对性地进行改进和提升。这种集中观察和自我评估的训练方法对提高乒乓球水平非常有帮助。

六、意念打球法

乒乓球的意念打球法是一种心理训练技巧，它强调运用意念和注意力来影响我们的击球技术和比赛表现。下面将介绍一些常见的乒乓球意念打球法。

（1）触觉意念。集中注意力于球拍和球的接触感觉上。当准备击球时，我们想象并专注于球拍与球的接触瞬间的感觉。这种方式能够训练我们手部协调性和接触感觉，提高击球的精确性和力度掌握。

（2）心理预测。在击球之前，设想球的轨迹、旋转和弹跳，以及我们将如何正确应对。通过心理预测来提前准备好姿势和击球方式，我们能够更快速地做出正确的反应，并提高战术决策能力。

（3）自信意念。在比赛中保持自信的心态，通过积极的自我对话，告诉自己我能够拿下这场比赛，相信自己的能力，并放松心态去享受比赛。自信的态度能够帮助我们更好地发挥自己的实力，甚至可以达到超常发挥。

（4）注意力调节。训练我们的专注力和注意力控制。注重练习时的注意力集中，将注意力聚焦在关键的击球瞬间，忽略外界干扰。通过专注和集中的注意力，提高反应速度和击球精准性。

（5）训练专注力。意念打球法需要高度集中注意力。我们可以通过冥想、注意力练习和集中注意的游戏等方式来训练和提高专注力水平，以便在比赛中更好地维持专注。

（6）管理情绪。乒乓球比赛中，积极的情绪管理非常重要。学会控制情绪，保持冷静和专注，无论面对胜利或挫折，都能够保持平衡的态度。

（7）模拟比赛情境。在训练中模拟真实比赛的情境，与搭档进行对抗性训练或参加模拟比赛。在更真实的环境中练习可以帮助我们更好地适应比赛的压力和紧张感，并提高对比赛的心理素质和技术素质。

请注意，乒乓球的意念打球法需要不断练习和培养，只有这样，才能在实际比赛中发挥出最佳效果。同时，注重身体训练、技术练习和战术规划，与心理训练相结合，可以帮助我们全面提升乒乓球水平。

七、设定指标法

乒乓球训练设定指标法是一种有效的方法，可帮助球员监测和评估自己的训练进展。通过设定具体的指标，我们可以更有针对性地制订训练计划，并及时调整和改进训练方向。以下是一些关于乒乓球训练设定指标的建议。

1. 技术指标

根据运动员的技术水平和需要，设定一些关键的技术指标，例如正手和反手击球的准确性(如连续 10 次击球的命中次数)、球的旋转控制(如给出的旋转球类型和旋转程度)、底线发球的稳定性等。确保这些指标具体可衡量，并能够帮助运动员评估技术的进步。

2. 身体素质指标

乒乓球运动需要一定的身体素质基础，包括爆发力、耐力和灵活性等。设定一些与身体素质相关的指标，如半小时跑步的距离或时间、侧身挪移动作的速度和灵活性等。

3. 战术指标

乒乓球是一项战术性很强的运动，制定一些战术指标有助于我们的战略调整和战术改进。例如，根据不同的局面来设定进攻与防守变换的准确度，或者快速对对手战术的适应能力。

4. 动作技巧指标

针对特定的动作技巧进行指标设定，例如正手快速挥拍的击球速度、反手拉球的角度控制等。这样有助于运动员在练习中关注细节，并逐步提高技巧的完成度和流畅度。

5. 比赛表现指标

设定一些与比赛表现相关的指标，如胜率、平均得分、得分方式等。这将帮助我们评估自己在实际比赛中的表现，了解自己的优势和改进的方向。

6. 渐进式设定目标

将指标设定为渐进式，即逐步增加难度和要求。开始时，设定相对较容易达到的指标，并随着训练的进行逐渐提高要求。这样可以确保在实现小目标的同时，保持动力和挑战性。

7. 跟踪记录和反馈

保持记录训练进展和指标达成情况，并及时对其进行反馈。记录形式可以是简单的日志或数据表格，用来跟踪自己的训练量、成绩等。通过跟踪记录和反馈，我们可以更清楚地了解自己的水平，并激励自己继续努力。

8. 灵活调整指标

要灵活地调整和适应指标。有时候，一些特定的指标可能需要根据实际情况进行调整。如果我们发现某个指标过于困难或不适合当前的训练阶段，可以适度调整或替换为其他相关指标。

9. 定期评估和调整

我们要定期评估指标设定和训练计划，根据需要进行调整。我们的技术水平和目标可能会发生变化，所以要确保指标仍然具有挑战性并与我们的目标保持一致。

在乒乓球训练中，设定指标法可以帮助我们更加有组织地进行训练，并提供明确的目标和方向。但要记住，指标只是一种工具，它们的设定和使用应该与全面的训练计划及个人目标相结合。只有持续努力和坚持，才能逐渐提高自身的乒乓球水平。

八、辅助练习法(人、球网调整)

辅助练习法是指通过他人或者一些别的附加装置的帮助来进行乒乓球练习的方法。

通过他人：他人帮助法可以有以下几种。①男队帮女队：在一般情况下，男运动员要比女运动员的技术水平更高，主要体现在身高、力量等方面，因此男帮女可以明显提高女运动员的练习效果。②高帮低：请比自己水平高的运动员陪练，从而提高训练质量。③按自己的要求陪练：请对方按照自己的要求来进行陪练，通常可以通过这种方式来训练自己技术上的薄弱点，例如接发球或者发球抢攻等。④模拟对手陪练：找打法与自己将要比赛的关键选手相近者，模拟未来对手进行比赛和训练，从中发现自身的问题与不足并加以解决，以提高对未来比赛选手的适应能力。在面临重大的国际赛事之前，国乒队通常会采用这种训练方法，找寻打法与将要面临的对手相近的运动员进行一对一针对训练，做到提前适应。

通过附加装置：为了更好地训练某些技术问题，对球台、球网做适当的调整或者增加附加装置进行训练的一种方法。

1. 控制落点练习法

在实际比赛中，发球和回球的落点十分重要，严谨合理的回球落点可以给对手带来很大的击球压力，限制对方主动进攻，从而我们可以率先发难。在练习时，我们可以在对方台面用粉笔画一定的区域，保证我们的发球和回球都落在指定区域，为了提高难度，可以逐渐缩小指定的区域。等到对落点的控制比较精准时，我们可以在对方台面放置半个乒乓球或者其他体积相当的物体，然后在练习时尽量击中目标。

2. 升降球网练习法

升网练习法：将球网略微升高(1~2 厘米)，练习计划的内容。此方法可以增加攻球弧线的弯曲度，对攻球弧线过直的运动员很有帮助。

降网练习法：将球网略微下降(1~2 厘米)，按既定内容进行练习。此方法多在练习削球或搓球时采用，可降低击球弧线的高度，避免搓高或者削高从而被对方抢攻。

3. 球台加宽法

将球台的其中一侧改放一个半或两个台面，使台面加宽。此方法多在练习脚下步法时采用，可以训练运动员脚下移动的距离和速度。著名的运动员邓亚萍经常在多球练习时采用该方法，大大提高了她侧身和扑正手的能力。

4. 降低台高练习法

乒乓球都是从娃娃练起的，但是刚入门的儿童身材矮小，用常规尺寸的球台练习很不利于技术动作的掌握，因此可以将球台的高度适当降低。国家体育总局已正式做出规定：儿童比赛中可以使用矮球台(12 岁以下者使用球台高度为 68 厘米，10 岁以下者使用球台高度为 64 厘米，正规球台高度为 76 厘米)。

5. 噪声干扰练习法

在大型的国际比赛中，都会有成千上万观众的参与。这些观众是日常训练中不存在的因素，他们的加油声和赛场上的广播声对运动员的比赛有着一定的影响，如果不适应这种氛围，很可能在赛场上发挥失常从而丢掉比赛。因此，在日常训练中，可以将正式比赛时观众的喧哗、广播等杂声录音不时地进行播放使运动员在平时训练时对比赛气氛有所适应。第 35 届世乒赛在朝鲜平壤举行，我国选手童玲在与前世界冠军朝鲜运动员朴英顺比赛时，观众的倾向性很大。但是因为童玲平日训练有素，可以把朝鲜观众的呐喊声、掌声想成是在为自己加油，故而泰然自若，在 0∶2 落后的情况下，连扳三局，反败为胜。

6. 发球机练习法

乒乓球发球机可以模拟各种类型的发球，包括侧旋、逆旋、上下旋等。球员可以通过与发球机的对抗，提高对各种类型发球的应对能力，增强球员的反应速度和判断能力。使用发球机进行练习还可以提高球员的体能和耐力。发球机可以进行连续不断的发球，球员需要不断地移动和接球，从而锻炼身体的爆发力和耐力。发球机可以让球员在没有教练或其他人的情况下进行训练。球员可以根据自己的需要和时间安排，随时随地进行发球练习，提高自己的技术水平。发球机可以进行连续发球，不需要等待对手的回球。这样可以节省时间，并且让球员能够集中精力进行训练，提高训练效果。总的来说，乒乓球发球机是一种非常有用的训练工具，可以帮助球员提高发球技术、应对能力，增强体能和耐力。使用发球机进行训练可以自主进行，节省时间，并且能够集中精力进行高效训练，是乒乓球训练中的重要辅助装置。

九、发接发、发球抢攻练习方法

1. *发球练习方法*

乒乓球的发球是一项非常重要的技术。在比赛中，发球技术的高低在很大程度上影响着战局的走向。以下是常见的乒乓球发球的练习方法：

① 基本发球练习：从最基本的发球开始练习，例如正手位发奔球和反手位发奔球。练习这些基本的发球方式，可以提高发球的准确性和稳定性。

② 变化发球练习：在掌握了基本发球后，可以开始练习变化发球。例如，改变发球的旋转方向、速度和角度，以增加对手接球的难度。可以通过使用不同的发球动作、拍面角度和手腕动作来实现变化。

③ 对练发球：与其他乒乓球爱好者或队友进行对练发球。通过与对手交替发球和接球，可以提高发球的适应性和反应能力。

④ 视频分析：录制自己的发球动作，并观看录像以分析自己的技术问题。可以注意发球的姿势、动作和拍面角度等方面，以找出改进和提升的空间。

⑤ 寻求教练指导：请乒乓球教练进行指导和纠正。教练可以根据个人情况提供专业的建议和训练计划，帮助改进发球技术。

⑥ 勤奋多练：发球技术需要反复练习才能提高。每天都进行一些发球练习，保持坚持和耐心，逐渐提高发球的水平。

⑦ 运用角度和落点：发球的角度和落点是控制对手接球的关键。尝试进行角度和高度的变化，将球落在对手不便接到的区域，以增加对手的回球难度。

⑧ 强调节奏和速度：在一场比赛中，改变发球的节奏和速度是至关重要的。有时候快速的直线发球会让对手难以应对，而有时缓慢的旋转发球会打乱对手的步法。掌握变速和打破节奏的能力将使我们的发球更具威胁性。

⑨ 针对对手弱点发球：在比赛中观察对手的弱点，并有针对性地发球攻击对方。例如，如果对手接处理不到位，你可以选择一些快速旋转的发球，强迫对

手做出错误的决策。

2. 接发球练习方法

在练习接发球时，发球方发什么种类、旋转、落点的球，应该听从接发球者的意见。以下是常见的乒乓球接发球的练习方法：

① 基本接发球练习：在开始时，可以让教练或搭档进行固定旋转、落点、速度的发球，以帮助我们熟悉基本的接发球动作和击球技术。通过不断重复这些动作，逐渐提高接发球的准确度和稳定性。

② 变化接发球练习：练习接不同类型的发球，包括侧旋、上旋、下旋以及逆旋转等。这样可以让我们更好地适应各种不同的发球，增加应对变化发球的能力。

③ 视觉训练：注重观察对手发球的旋转和路径，通过观察对手的身体姿势和拍面的角度来判断发球的旋转和方向，以更准确地接球。

④ 身体平衡和移动训练：接发球过程中，保持良好的身体平衡非常重要。练习在接球时保持身体的稳定，并通过合适的步法和移动来调整自己的位置，以更好地接到发球。

⑤ 模拟比赛环境：在练习中尽量模拟真实的比赛环境，与训练伙伴进行实战对抗，以适应比赛中的压力和不确定性，并提高对不同发球的应对能力。

⑥ 视频分析：录制自己接发球的视频，并与教练或其他专业人士一起分析和评估。通过观看录像，我们可以找出自己的不足之处，并得到专业的技术指导。

⑦ 练习多种接发球技术：学习和练习不同的接发球技术，包括搓球、撇球、拧球等。通过掌握多种技术，我们可以更好地适应不同类型的发球。

⑧ 练习接各种高度球：接发球时，经常会面对不同高度的发球，如高球、平球和低球。练习接各种高度球，以提高对球的控制和有效接球能力。

⑨ 预判和预测练习：观察对手的身体语言和球拍的角度，以预测发球的类型和方向。练习提前做好动作准备，以更好地应对发球并做出正确的接球动作。

⑩ 反复练习常见球路：针对比赛中常见的发球路线进行反复练习，例如远角、近角和中部位置等。通过加强对这些常见球路的练习，我们可以在比赛中更加自信地应对对手的发球。

需要注意的是，我们在练习时不能只考虑接发球的那一板，还要强调接发球后续衔接技术的练习，这样才能形成一个系统，才能在比赛中更加连贯。接发球结合其他战术的练习方法如下：(1) 在其他技战术内容的练习中，加入特定的发球(规定发球种类、落点或旋转)，例如在摆速练习时，加入接右近网的右侧上旋球，这样不仅可以增加接发球练习的机会，而且还训练了接发球与后面技术的结合能力；(2)进攻型打法在接发球后练习对攻(对方为攻球)或拉攻(对方为削球)，削球型打法在接发球后可以练习削球；(3)接发球与第四板球的结合练习，即接发球可以先控制一板，在限制住对方发球抢攻的基础上，为自己的下板球的进攻制造机会。

3. 发球抢攻练习方法

乒乓球的发球抢攻是一项高级技术，需要综合运用力量、速度和准确性。以下是一些常见的练习方法：

① 快速反应练习：当我们发球后，让教练或队友进行不定点接球，我们需要尽快反应并抢攻。可以通过使用多种不同的接球方式和角度来增加难度，以提高运动员的反应速度和准确性。

② 短球抢攻练习：练习短球的快速抢攻。我们可以在发球后，让教练或队友把球接到我们的台内区域，然后我们进行抢攻，同时注意保持低姿势、灵活的脚步和快速的手腕动作，以确保抢攻的准确性和速度。通常用到的技术为反手台内拧拉和正手挑打。

③ 长球抢攻练习：练习长球的抢攻。我们可以在发球后，让教练或队友把球接到我们的出台区域，我们需要迅速移动到正确的位置，并进行准确的抢攻。重点是保持稳定的身体平衡、正确的击球姿势和力量控制，以确保抢攻的效果。通常用到的技术是正反手拉弧圈和前冲。

④ 视频分析：录制自己的发球抢攻练习，并观看录像以分析自己的技术问题，可以注意抢攻的姿势、动作和击球力量等方面，以找出改进的空间。

⑤ 寻求教练指导：请乒乓球教练进行指导和纠正。教练可以根据个人情况提供专业的建议和训练计划，帮助改进发球抢攻技术。

⑥ 技术细节的强化：在发球抢攻练习中，注意技术细节的强化，如脚步和身体的协调、击球力度的掌握、击球点的准确性等。这些细节会对发球抢攻的效果产生重要影响。

⑦ 实战对抗练习：与队友或训练伙伴进行实战对抗，模拟比赛中的环境和压力。通过与对手的交流对抗，我们可以提高抢攻技术在实际比赛中的应用能力。

在上述练习中，还应注意培养与提高这样一种意识和技术，即发球后的第一板如果无法抢攻(对方接发球质量比较高)时，不应急于盲目抢攻，而应有战术意识地先控制一板，然后争取下板再抢攻。这种战术在比赛中很有实际意义。

此外，还需要注意发球抢攻与后续战术的配合练习，发球抢攻练习方法同前，但要规定发抢或对方回球的落点，然后再进行相持技术的练习。需要注意的是，为确保此练习的可行性，我们发球抢攻这一板力量不要过大，质量不要过高，否则可能会出现一板把对方冲死的情况从而无法练习后续的技战术。

十、实战练习法

乒乓球训练的最终目的是在比赛中取得优异的成绩，但是有时比赛也可以作为训练的一种有效手段。

1. 发抢比赛

① 5 板球的发球抢攻比赛。发球抢攻者在第 5 板球内打死对方算得 1 分(发球为第一板，接发球为第二板，发球抢攻为第三板……)，如果未打死对方，则算对方得分。可采用每局 11 分的比赛方法，也可从 5 平、8 平或 10 平后开始比赛。②7 板球的发球抢攻比赛。随着技术的精细化，现在大部分运动员接发球的水平普遍比较高，善于摆短和控制，因此在比赛中常会遇到第三板球难以抢攻的情况，如果此时勉强抢攻，很容易出现失误从而直接失分。面对这种情况，最好的办法是先控制一板，尽量使对方无法抢攻，然后在第 5 板球时再抢攻，力争在第 7 板球打死对方。

2. 让分比赛

根据比赛的目的和双方技术实力，规定一方对另一方让分进行比赛。如从 0∶4 开始比赛，从 6∶9 开始比赛，或者从 8∶10 进行比赛。该训练法可以专门培养运动员在比分落后时不气馁的顽强作风和运用战术的能力。另外，在内部比赛时，若比赛双方实力相差很大，亦可采用此法进行比赛，例如在男队员和女队员进行比赛时，男队员可以让女队员几分再比赛。

3. 关键分比赛

乒乓球比赛是 11 分制，在双方打到 8∶8 或者 9∶9 时，剩下的几分对比赛的输赢起到了决定性作用，此时属于关键分的争夺。很多运动员在关键分阶段很容易手软，贪图稳健而不主动抢攻，从而让自己变得被动。因此，在平时训练时，可以多进行关键分的比赛训练，即让双方运动员从 8∶8 或者 9∶9 开始比赛，这样可以锻炼运动员在关键分争夺时的心态，锻炼出大心脏。

4. 特定技战术比赛

例如搓球比赛，要求双方发下旋球，然后进行全台的搓球，可以摆短可以劈长，然后使用常规计分法 11 分制，以此来训练搓球的能力。也可以进行接发球比赛，双方可以随意发球，如果对方吃发球那么自己得一分，每人发两个球然后换发，谁先得到 11 分谁获胜。

5. 紧张性比赛

有意制造比赛的紧张气氛，借以对运动员的技术、战术和心理进行全面的锻炼与考验。①组织观众观看比赛，可以邀请运动员的家长或朋友来参观，为运动员增加心理负荷。②擂台赛，几人一组，只比赛一局，胜者继续打，败者下台等候轮转再战。③升降台赛，两人一台，多个球台同时开始比赛，获胜者去邻近的球台，败者降到另一方向邻近的球台。经过特定的时间或者经过特定的轮次后，优胜者会集中到前两台，失败者会集中到后两台。然后可以对前几台的运动员进行适当的奖励，对后几台的运动员进行适当的惩罚。

第四节　不同打法的训练

乒乓球运动的各种类型的区分是以运动员的战术特点或战术方法作为主要依据的。在 20 世纪 60 年代以前，人们一般将乒乓球运动分为进攻型和防守型两大类。随着新技术的出现、工具的改革和战术方法的多样化，到了 70 年代，乒乓球运动技术的分类就进一步具体化了。乒乓球运动的不同打法是从属于不同类型的，区分它们的主要依据是技术特点或技术方法(在比赛中使用率和得分率最高的技术)，以及不同的工具。目前来说，主流的乒乓球打法有以下三种：横板弧圈结合快攻打法、直拍快攻型打法、削球打法。这三种打法相差甚远，所要求掌握的技术内容也大有不同，因此其训练的方法和思路有很大的区别。下面将具体介绍这三种不同打法该如何训练以及训练过程中的注意事项。

一、横板弧圈结合快攻打法的训练

(一) 打法简介

横拍进攻型打法目前主要包括横板弧圈结合快攻和横板快攻结合弧圈两种打法。

目前来看，横板快攻结合弧圈的打法越来越少见了，目前常用该打法的比较活跃的是瑞典选手卡尔松。这种打法既有横板快攻打法的主要技术，又有弧圈球的旋转技巧；既能以攻为主、以快为主，又能以旋转相持过渡和反击。国家队之前的一名老队员詹健采用的也是这种打法。快攻结合弧圈打法选手的球拍通常是两面反胶或一面反胶、一面生胶，以正手或侧身用正手拉弧圈为快攻结合弧圈打法的核心技术。正手可以快攻、快点、扣杀，反手可以快点、快拨、快拉，因站位偏向于近台，因此爆发力强，近、中台均能“爆冲”，打、拉结合熟练。接发球可以使用正、反手快搓、摆短及劈长或撇侧旋、半推半搓，变化较多。其打法特点是不仅凶狠而且球速快，通常运用发球后的抢拉、抢冲技术率先发难。接发球抢上手，动作速度快，擅长运用腰腹力量，又有摩擦又有击打，早发力、抢先发力的意识强，打的比例占多，回球的落点十分刁钻，充分体现了以狠为主、狠中见快、狠快结合的特色，强调强上手、强转换，但忽视强相持，节奏通常较为单一。

横板弧圈结合快攻的打法是目前最为主流的打法，也是现在马龙、樊振东、王楚钦等超一流运动员的打法。在早期，我国的横拍打法学自欧洲选手，在当时，孔令辉就是横板弧圈结合快攻打法的代表。孔令辉最大的优点就是没有明显的技术漏洞，而且其近、中、远台的相持能力很强。后来，这种打法的代表人物是王励勤，此时我国也提出了得正手者得天下的思路，所以中国乒乓球运动员的正手位能力要比其他国家的选手突出很多。随着乒乓球运动的不断变化，正反手更加均衡，但同时上手质量更强，横拍弧圈结合快攻打法也受到了一定的影响，代表人物就是德国的波尔，他的反手技术十分出色，具有反拉弧圈球的能力。波尔出色的反手技术让我国运动员开始重视起了中台反手的相持能力。这种训练思路的转变造就了马龙和樊振东这样反手速度快、旋转强、正手凶狠的球员。弧圈结合快攻打法选手的球拍通常是两面反胶。该打法的技术特点为：以弧圈球为核心技术，出球旋转强、速度快，连拉带冲力度大；反手可以拉弧圈，并能与打、拨、弹结合运用；接发球可以拨、拉、劈、挑、拧。该打法的选手正、反手两面都能拉加转与前冲弧圈球，侧身正手抢拉、抢冲弧圈意识很强，同时使用率较高。孔令辉式的中国弧圈打法稳中见凶，以快为主，快中见狠，快狠结合；瓦尔德内尔式的瑞典弧圈打法全面均衡，狠快兼备，稳中带凶；罗斯科普夫的欧洲式则以狠为主，狠中见快，狠快结合。大家各具特色，成为不同流派。而中国式的弧圈结合快攻打法保持了前三板的特长，相持球、攻防转换强于欧洲式，扎实的反手技术可以为正手创造更多的进攻机会；欧洲式虽然凶狠有余但韧性不足，欧洲人通常身体高大且力量强，可以两面多点使用弧圈“爆冲”，但是起伏较大、不够稳定，在赛场上容易失误；瑞典式是全能型，技术比较全面，拉、打、拨、弹等配合较为默契。

（二）训练中的注意事项

1. 保持且提高前三板技术的优势

前三板技术是横板弧圈结合快攻打法训练中的一项主要技术。前三板技术分为发球、接发球和发球抢攻。

发球、发球抢攻：发球应该长短配合、正反手结合、快慢结合。发球是最重要的一个环节，发球质量的高低对后续的主动进攻有着很大的影响。发球应该和后续的抢攻战术相配合，例如发正手短球然后找机会拉弧圈、发中路长球然后打相持等。也可以利用自身优势来打对方弱势的思路，如果对方的某项接发球技术有缺陷(例如接不好侧上旋球)，我们就可以抓住对方这个弱点，多发不同落点的侧上旋打乱对方的节奏，从而占据比赛的主动。相反地，如果在比赛中遇到的对手实力明显强于我们，各种接发球技术都掌握得很熟练，那么此时我们要多发刚过网的短球，切不能发长球或者过高的球，否则很容易直接被对方抢攻得分。在发球抢攻时，一定要敢于上手，对于明确的机会球，我们一定不能犹豫手软，一定要抓住机会，强拉弧圈球，丰富前三板的技术。

接发球：在接发球方面，我们应该加强积极主动、抢先上手的意识和能力，不能过于保守而把进攻的机会让给对方。在接发球时，可以正手挑打和反手拧拉为主，配合晃接、劈长与摆短一起使用。尤其应改变反手位只会摆、搓不会拧拉的坏习惯，改变对反手位的出台球只拉高吊不敢前冲的保守意识。21 世纪初，以瓦尔德内尔为代表的欧洲选手开创了以侧身正手接发球的新技术。该技术的创新代表了接发球技术的新趋势，使接发球技术更具进攻性。他们在侧身时，通常会使用正手晃接、挑拉等技术，配合着侧身正手摆短。一旦对方回球的质量不高，他们就全台用正手抢攻或反手拉，有效地抑制了对方的发球抢攻战术。侧身正手接发球的优点还在于给对方带来一定的心理压力，当接发球方侧身用正手接时，发球方很自然地就会有防备对方正手进攻的心理，打乱了发球方的节奏，失去了发球抢攻的最佳时机。因此，侧身正手接发球技术是现代横板打法运动员必须掌握的一项重要技术。需要注意的是，我们强调用正手侧身接发球的前提是在正反手都具备接发球能力的情况下更多地使用正手侧身接发球，使接发球更具威胁性，而不是盲目地遇到球就侧身使用正手接。侧身正手接发球的方法主要有以下几种。①晃接。晃接一般先用身体的动作做掩护，在球拍接触球的一刹那，身体有一个虚晃的动作，用来迷惑对方，然后用半推半搓的方法把球送到对方的反手位大角，从而使对方来不及高质量地侧身抢拉，或者只能过渡性地进行没有质量的抢拉，这样就为接发球方的反拉创造了有利机会。晃接主要突出了一个出其不意。②摆短。侧身位的正手快摆短球需要注意拍形，拍形应该稍立，用大臂控制前臂，身体重心往前迎，在对方来球跳起的上升期搓球，给球一个向下的力，形成合力。这样过去的球通常比较短，从而达到抑制对方进攻的目的。③撇、劈长。主要以加转的长球干扰对方，迫使对方保守搓球或者勉强拉高吊弧圈球，伺机抢攻、反拉。④半出台球直接抢冲。在判断清楚了对方的发球旋转后，看准机会直接侧身发力抢冲，从而直接占据主动，避免以高吊为主的保守接法从而达到连续进攻的目的。

2. 加强正手弧圈球的能力

当代乒乓球运动的凶狠和快速达到了一个新高度。欧洲横拍弧圈结合快攻打法在拥有力量大、旋转强的前提下，通过改进身体发力方法，充分发挥了欧洲选手大力前冲的技术，将强爆发力和高击球速度有机结合在一起，产生了速度和力量、旋转和速度、力量和旋转的多种组合方式，带动了横板进攻打法的进步。我国弧圈球运动员更加注意下肢和上肢的协调发力，发力比较集中，动作幅度小，高点击球的出手速度和借发力的能力强，但普遍存在杀伤力不够，适合近台作战，擅长第一、二板球的抢冲，一旦形成了中远台相持，正手对拉就发挥不出应有的威力，与欧洲和韩国运动员相比有较大差距。这主要受到我国快攻打法的训练指导思想和训练体系的影响，在动作结构上讲究动作小、出手快，不太注意腰、腿间的力量协调。因此要加强正手弧圈球的杀伤力，在训练中必须做好以下几方面。①提高力量：弧圈球是依靠球拍的速度和旋转打出来的，所以要提高球的速度和旋转，就需要增强手臂的力量。可以在健身房里进行负重训练，如举重等，或者用网球训练器进行反复练习。②技术细节：正确的技术细节也是打出高质量正手弧圈球的重要因素，例如合理选择击球点、正确的握拍方式、体重转移和手臂、手腕与指尖的协调运动等，这些技术细节需要在训练中多加注意。③提高速度和旋转：加强弧圈球的速度和旋转可以增加球的杀伤力。可以使用球速测定仪或者与教练合作来分析和改进我们的拉球动作。提高球的加速度，加强手腕的旋转动作，增加球的旋转量，从而增强弧圈球的杀伤力。④调整角度和高度：通过调整拉球时拍形的角度和击球高度，可以改变球的轨迹和弧度，进而增加弧圈球的杀伤力。尝试不同的角度和高度，观察对手的反应，找到能够有效打乱对手节奏和造成困扰的角度和高度。⑤增强变化：除了直接的杀伤力，变化也是增强弧圈球杀伤力的重要因素之一。在拉弧圈球中加入变化，如变幻的旋转、不同的击球点选择等，可以让对手难以适应和准备，从而增加弧圈球的杀伤力。

3. 反手技术的发展

横板的反手进攻技术在乒乓球运动中一直都占据着重要位置。通过不断的演变和发展，这一技术形成了不同的变种或变化，可以满足不同场合和情况的需要。最初的反手技术只是简单的反手搓球或推挡。随着运动员越来越强的反手实力，横板反手弧圈和反手弹击也逐渐得到了普及和发展。在反手进攻技术方面，以前的反手技术往往受到速度和力量的限制，但随着乒乓球技术的发展，横板反手快速弹击逐渐成为一种常见的进攻方式，可以在较短的时间内打出高速球，具有很强的进攻性。

反手进攻技术是横板弧圈结合快攻打法的主要基本技术和得分手段。随着乒乓球技术的发展，在原有的拨、弹、拉、前冲、高吊的基础上又创造出了反手快撕、拧拉、快拱和弹压技术，并且在击球时间上比以前更早。例如反手拉下旋、反手快撕对方轻挑过来的球，击球时间均在上升期；在形成相持后，反手近台快拱的击球时间在上升后期；弹压击球时间在高点期。由于现代反手技术比原来均提早了击球时间，加快了回球速度，并改变了以往近台反手只能拨不能拉攻的传统观念，故使反手技术更具威力。总的来说，横板反手进攻技术在乒乓球运动中一直在不断发展和进步，并且在现代比赛中扮演着重要的角色。运动员仍需要不断学习、练习和创新，以适应比赛环境的变化和世界各国对手的挑战。

4. 反拉弧圈球意识和能力的提高

随着乒乓球运动的快速发展和完善，欧洲选手的弧圈球质量在不断提高，下旋球和平球日渐减少，因此对付上旋球和弧圈球成为技术上的主要难点。反拉弧圈球技术是弧圈球技术中难度最大、最关键的环节。反拉弧圈球技术的好坏会直接影响到比赛的输赢，它不仅会影响前三板的争抢，还会影响相持中的攻防转换。因此，反拉弧圈球技术是现代横拍进攻型打法运动员必备的重要技术。

目前，我国弧圈球打法的运动员对付弧圈球大多数只限于中台对拉和正手近台快带，反拉弧圈球的技术和意识较为薄弱。反拉弧圈球技术必须从少年抓起，应该从小培养反拉的意识和能力。在实际的乒乓球比赛中，反拉弧圈球最常见的是用于对付加转的或高吊的弧圈球，因为这种弧圈球在空中运行的时间较长，使得反拉有时间上的可能。相反地，如果来球是速度很快的前冲弧圈球，用反拉的可行性就值得推敲，业余运动员反拉前冲弧圈球的难度则更大。

在进行反拉弧圈球时要注意：反拉时一定要注意身体重心的控制，尽可能站起来一些，引拍时的胳膊要适当抬高，不要下沉。对方的来球通常带有强烈的上旋，如果胳膊放得过低，就很难在合适的时间接触到球。以右手持拍为例，当来球在我方球台弹起后的下降前期时，我们要接触球的后中右上部，因为适当接触球的侧面可以避开来球的强旋区，从而减少反拉的难度。击球的瞬间，手腕要有一个快速的内收动作，但其幅度不要过大，以抵消来球给球板造成的强烈的由下向上的反作用力，避免反拉弧圈球出界。在整个反拉过程中，我们要始终注意收紧腰部，并且与手臂协调用力，这样有助于控制击球弧线，提高反拉的准确性。

反拉弧圈球的运用时机可以有三种，分别是发球后反拉、接发球后反拉、相持中反拉。

发球后反拉需要注意以下几方面。(1)发对方的反手位长球，对方如果用反手回接或侧身勉强用力拉回接时，我们可以准备正手的全台反拉。因为此时对方很难拉出角度很大的球，单面全台反拉是来得及的。(2)发对方正手位长球，对方上步不能在第一时间用拉球回接时，我们准备正手位的反拉。因为此时对方拉斜线的概率较大，并且拉球一般带有侧上旋，球往外拐，容易拉出角度较大的斜线球。(3)发对方中路偏右的长球，对方在准备不是很充分且让位又不会很好的情况下，我们准备正手位反拉，能力较强的运动员可以准备全台反拉。(4)发对方左侧半台的半出台球，在对方犹豫是搓球还是勉强拉球最后采用拉球回接时，准备正手全台反拉。因为这种来球一般弧线较高，运行距离较短，有足够的时间调整位置进行反拉。(5)发对方右半台的半出台球，如果对方不是在第一时间用拉回接，那么我们可以准备正手位的反拉。(6)发对方中路半出台球，准备两边上手，反拉的注意力可更多集中在正手位。

接发球反拉需要注意以下几方面。(1)快搓到对方反手位底线长球后，对方用侧身或反手拉后，只要不是在第一时间，就可以准备全台反拉。(2)快搓到对方正手位底线长球后，准备正手位的反拉。(3)挑打到对方反手位后，准备全台反拉。这时注意要适当退后半步，腾出发力的距离。(4)挑打对方正手位后，准备正手位反拉。此时，步法也可适当向斜后方移动，以便有更多的时间和应变余地。

相持中反拉需要注意以下几方面。(1)反手对攻中，突然变对方的正手，本方准备正手位的反拉。(2)反手对攻中，压住对方中路偏正手，对手让位不是很及时用正手拉后，本方准备正手全台反拉。(3)如果对方是两面拉选手，给对方反手大角度，准备正手全台反拉。(4)快带、反拉和对拉的组合运用。先用正反手的快带，使对方难以发力拉，接着用一板质量较高的正手反拉，最后形成主动拉或主动对拉，取得相持的主动。

5. 相持过程中的攻防转换的能力

现代乒乓球运动技术的发展发生了质的变化——开始重视相持技术。在二十世纪六七十年代，中国运动员靠前三板先发制人的优势已经不复存在，欧洲前三板技术的进步使相持技术在比赛中越来越重要。相持球技术是克敌制胜、稳定发挥的主要技术之一。乒乓球相持过程中的攻防转换能力是指选手在比赛中能够迅速从防守转变为攻击或从攻击转变为防守的能力。攻防转换的能力对乒乓球运动员来说非常重要，因为乒乓球比赛中的攻防转换非常频繁。在比赛中，选手需要根据对手的击球方式和球的落点来判断自己应该采取防守还是进攻的策略。当球落到自己的位置时，如果判断对方的击球不够强劲或位置不佳，选手可以迅速转变为进攻，采取主动攻击对手的策略。而当球落到对手的位置时，如果判断对方的击球很强或位置很佳，选手需要迅速转变为防守，采取稳定的防守策略。

相持球技术应用范围相当广泛，包含内容很多。在通常情况下，我们可以把相持分为三种情况：①进攻性相持，指的是在相持中处于主动地位(如连续性进攻等)；②对攻性相持，指的是在相持中难以分出谁主动谁被动，处于一种相持不下的状态，如对攻、对推、对搓、对拉等；③被动相持，指的是在相持中处于被动挨打、只有招架难以进攻的状态，例如被迫地挡、碰、放高球等。在这几种相持状态中，我们最追求进攻性的相持。在过去，我们在同欧洲选手对抗中使用相持技术很难取得主动，其主要原因就是我们忽视了相持中的攻防转换作用，在相持中只会进攻不会防守，只会近台不会中远台，只会快不会慢，从而缺少多种节奏变化。

目前，在对待弧圈球时经常出现两种极端的处理方法。第一种是激进的方法，即采取搏杀的方法，拼命发力，这样缺乏准确性。第二种是保守的方法，采取被动防守，左挡右带，谈不上真正意义上的相持。要想在相持的攻防转换中取得主动，就要建立相持中攻防转换的意识，要了解到现在的乒乓球比赛是全方位的比拼，攻防转换的意识一定要跟上并且多在相持中巩固，没有意识就不可能有目的地运用所掌握的技术。

乒乓球运动员提高攻防转换的能力可以通过以下几个方面的训练来实现：

反应速度训练：乒乓球比赛中的攻防转换需要快速的反应能力，选手可以通过反应训练来提高自己的反应速度。例如，可以进行反应球训练，通过教练或搭档进行快速的击球，选手需要根据球的速度和方向进行快速的反应。

视觉训练：乒乓球比赛中的攻防转换需要准确地判断对手的击球方式和球的落点，选手可以通过视觉训练来提高自己的判断能力。例如，可以进行球路预测训练，选手需要观察对手的动作和击球姿势，预测球的落点并做出相应的反应。

技术训练：乒乓球比赛中的攻防转换需要丰富的技术储备，选手可以通过技术训练来提高自己的技术水平。例如，可以进行多种技术的练习，如正手攻击、反手攻击、正手防守、反手防守等，使得自己在比赛中可以根据需要随时转换不同的技术。

战术训练：乒乓球比赛中的攻防转换需要合理的战术安排，选手可以通过战术训练来提高自己的战术意识和应变能力。例如，可以进行不同战术的对抗训练，通过与教练或搭档的对抗来熟悉和应用不同的战术。

二、直板快攻打法的训练

(一) 打法简介

直板快攻型打法是中国的传统打法，从20世纪60年代开始，该打法就已经进入了世界前列。积极主动、以快为主、抢先上手、先发制人是直拍快攻型打法的指导思想。快速进攻、抢先上手是直拍快攻型打法的灵魂所在。20 世纪 70 年代，随着世界乒坛技术的飞速发展与进步，直拍快攻型打法的技术风格又增加了旋转这个因素。“快、准、狠、变、转”从此成为直拍快攻型打法的技术风格，快是主导，准是基础。这个风格反映了乒乓球运动距离近、球速快、变化多的特点和规律。直板快攻一般注重左推右攻，强调前三板的功力。不过在当今横板选手越来越多的局面下，这种打法已非常少见。随着对攻、对拉和相持能力的普遍增强，多拍的相持回合大量出现，仅注重前三板则显得单薄无力。因此，多回合的相持技术在实践中逐渐得到了重视和加强。再后来，直板近台快攻便融入了更多的内容，接着则发展为中近台的快攻结合弧圈和弧圈结合快攻的打法。这一局面的形成其实并非偶然。首先，当前进攻能力的提高使球员不得不加强摆短来调动或控制对方，而摆短控制势必将球员拉回到近台。同样地，由于进攻能力的提高，完全的近台又难以抵挡这样的攻势，必须以中台为主进行相持。其次，快速的近台攻击和调动已经不允许接球方退到远台，近台衔接和近台相持能力的提高使得球员也没有必要再退到中远台去应付攻击，所以那种中远台平稳的攻防格局已成为历史。最后，为了提高进攻速度、衔接速度和相持速度，必须打“起跳球”或“上升球”，这就促使球员尽量到近台来“迎前打”，故中近台的快攻打法则成必然。

直拍快攻型打法的具体特点是速度快、打得准、凶狠和多变。现代直拍快攻型打法主要包括以下几种类型：直拍正胶快攻和直拍反胶快攻。具体来说，它可以是以快打技术(站位近、动作小，以撞击球为主、摩擦球为辅的攻球)为主的打法，亦可以是以速度和旋转结合的弧圈球打法，还可以是快打和弧圈的结合。刘国梁使用的就是直拍快攻的打法，他的球拍是直板，正面正胶，反面反胶，打法是直板正胶快攻的传统左推右攻。后期，刘国梁也加入了一定的直拍横打。在打法风格上，先快再凶，还要有变化。直板反胶快攻结合弧圈打法的代表人物是马琳。严格来说，他是直板反胶快攻结合弧圈加直拍横打选手，但有段时间，马琳也会运用传统的直拍反面攻的技术。这个打法要求运动员发球抢攻能力强，对下旋球能起板突击，正手连续进攻好，对反手位的球也有较好的实力，推挡能加力后侧身进攻，反手反面能连续拉冲弹打。

（二）训练中的注意事项

1. 加强主动进攻意识

加强乒乓球主动进攻意识是指在比赛中积极主动地发起攻击，主动控制比赛节奏，以取得优势。现代乒乓球技术的第一个特点就是要比以前“更加积极主动”。直拍快攻打法要做到快速、凶狠，首先就要有积极主动的意识，力争在比赛中的每一板都具有主动性和威胁性，应找寻一切可以利用的机会抢先上手、快速进攻，充分发挥直拍快攻打法的威力。因此，主动进攻意识的培养是直拍快攻打法训练中至关重要的环节。

那么，如何在乒乓比赛中占据主动？我们可以从意识、技术、训练等三个方面来进行讨论。

意识层面：首先只有具备积极主动的意识，才能运用积极主动的技术，想到、做到，进而在比赛中占据主动。积极主动是每一名球员共同的追求，那么如何才算是积极主动的意识呢？比如，在可进攻、可过渡的时候，就要以进攻为先。在关键比分主动进攻还是等对方失误的选择上，不要有等对方失误的思想，一定要敢于进攻。这些都是积极意识的具体体现。

技术层面：有了积极主动的意识后，还要具备相应的积极主动的技术。最积极主动的技术就是前三板技术，即发球、接发球、第三板，其中最重要的就是发球技术。发球的旋转和落点完全取决于个人意志，主动权在我们手上，因此可以充分发挥个人主观能动性，设计好套路，让对方上套。前三板太含糊的球员，一般会比较被动。

训练层面：学无止境，遇到不同水平的对手，比赛的感觉完全不同。在和水平比自身低的对手比赛时，可能怎么抢攻怎么有，什么球都能打上，处处占据优势。但是，如果碰到高手，那可能会立刻全面被动。要想长期占据主动，必须加强练习，特别是不断提升前三板技术，这是治标治本之策。

2. 注重发球抢攻的优势

发球抢攻技术是乒乓球比赛中前三板中的精华。它能够将自身的发球和抢攻技术融为一体，在第一时间给予对手以先手的打击，从而做到先发制人，迅速占据优势，赢得主动和有利的局面。如果仔细观察的话，可以发现，世界上的超一流高手都具备着出色的发球抢攻技术，例如瓦尔德内尔、波尔、马龙和樊振东等人。多年来，中国队也一直将发球抢攻作为克敌制胜的法宝。发球抢攻技术能力突出能够给对手带来巨大的压力，能够制造连续进攻的机会，也能够形成主动相持的局面，还能够体现出自身的打法风格。尤其是在比赛的关键分时，拥有发球抢攻的绝招，可以自信地大胆发挥，这将给对手造成极大的心理压力。

发球抢攻是中国的直拍快攻打法的特长技术之一。在二十世纪六七十年代，中国的直拍正胶快攻打法之所以在世界乒坛处于遥遥领先的地位，其最主要的原因就是在发球和发球抢攻方面表现了巨大的优势。然而，在进入 20 世纪 80 年代后，我国发球抢攻的优势逐渐有所减弱，其原因除了欧洲选手的接发球技术有所提高外，主要在于：发球单调，单一的正手侧身高抛发球，旋转变化少，落点以短为主。因此，想要保持发球抢攻的优势，一方面要做的就是提高发球的质量。直拍选手在发球时应将速度、旋转和落点有机地结合起来，还可以用球拍的正反面发球给予对方迷惑，让对手出现误判，以增加对方接球时的难度。另一方面，在发球抢攻上，不仅要能抢攻下旋，还要能抢攻上旋(包括弧圈球)。同时，在抢攻的线路上也要讲究落点的变化，在抢攻后还应具有连续进攻的意识与能力，要摒弃一板把对方冲死的错误思维。

发球抢攻中除了发球，第二重要的就是第三板抢攻的技术。第三板技术的基本要求是：扩大进攻区域，丰富进攻手段，提高击球质量，加强打法威胁和形成系统套路。第三板技术的要求集中体现在以下几个方面：

意识积极主动：积极主动的意识是抢攻的主导。在第三板球中，首先比的就是双方的主动意识，即在第一时间内，一定要果断地积极上手，率先发动进攻，并迅速赢得主动的局面，不给对手留下任何施展的时间和搏杀的机会，尽快置对手以死地。

进攻能力强：在第三板的争抢中，比的还是主动进攻的能力，其主要体现在以下几个方面。①发球抢攻时的进攻没有死角，即正手、反手和侧身都能够进攻，台内、出台和半出台都能够进攻，下旋和上旋都能够进攻，斜线和直线都能够进攻。②进攻手段多。目前，随着乒乓球运动的发展，发球抢攻的技术手段越来越多。正手台内可以挑打，反手台内能够拧拉，正反手出台能够起下旋球，也可以进攻上旋球，可以在无压时主动进攻，也可以在有压时进行强攻，还可以在对方进攻时反攻。而想要实现上述战略意图，都需要全面的进攻技术能力作为保证。③进攻质量高。在使用发球抢攻时，我们不仅需要注重进攻的形式，更需要追求进攻的质量和效果。也就是说，发球抢攻一定要具有威胁性和杀伤力，一定能够杀死对方或者让对方陷入被动。击球的速度、力量和旋转都要有所保证，其中抢攻的突然性和爆发力更为重要。

技术成体系：从整体来看，发球抢攻技术并不是孤立的，而是需要根据自身打法的风格特点去加以设计。①选择合适的发球。发球与后续的抢攻存在着不可分割的连带关系。也就是说，发球必须与自身的打法相吻合，使得自己的发球有利于发球抢攻技术的发挥。②进攻手段的选择。在发球抢攻中，一定要围绕着自己的打法体系进行设计，一定要最大限度地发挥自身的特长技术，一定要设计出与自身打法特点相吻合的发球抢攻技术。在站位上，小路球好的选手，可以站位近台进行争抢；大路球好的选手，可以退后半步，主打相持。在正反手关系上，反手能力强的选手，可以多在反手位组织进攻；正手能力强的选手，可以多采用侧身和正手进攻。

3. 注重低球突击的能力

低球突击是直板快攻打法中常见的战术，它需要球员以快速和准确的方式用直板技术将球低而快地击打到对手的底线。这种战术的能力取决于球员的技术水平和身体素质，包括手眼协调、力量、速度和灵活性。球员需要具备良好的直板技术，能够在低球的情况下准确击球，并且能够控制球的旋转和方向。球员还需要有足够的力量和速度，以确保击球的力度和速度足够快，让对手难以应对。此外，球员还需要具备良好的反应能力和战术意识，能够在比赛中及时做出正确的决策，并且能够根据对手的反应做出相应的调整。

低球突击是直板快攻打法的又一特色，它具有速度快、突然性强的特点，对付欧洲选手时有着出色的效果。然而，近几年这种进攻技术已经逐渐失传，“以拉代打”理念的出现大大削弱了直拍快攻打法的攻击力。因此，恢复和提高低球突击的能力，树立只搓一板就进攻的思想，是现代直拍快攻打法训练中的一项不可或缺的重要任务。在训练时，应该坚持“低拉高打、转拉不转打”的原则。同时，在加强低球突击训练的过程中，运动员应该充分认识当今掌握此项技术的难度：在现在的乒乓球比赛中，来球的下旋比过去更加强烈、角度更大。因此，运动员在比赛中不能多搓，力争搓一板就突击，否则容易被对方抢先上手，从而失去进攻的机会。虽然目前掌握此项技术难度还比较大，但只要功夫深，铁杵磨成针，肯下苦功夫的话还是可以成功的。在比赛中，如果对方的来球下旋特别强烈，我们应及时调整拍形(拍形稍微向后仰些)，这样可以提高进攻的命中率。

4. 提高正手进攻的连续性

正手攻球是进攻类打法运动员在比赛中争取主动、克敌制胜的主要技术手段。突出正手进攻的优势和威力是当今世界乒坛的主流发展趋势。欧洲的选手在掌握了反手进攻技术的基础上，为在比赛中更加积极主动，从发球、接发球开始就尽量保持侧身站位，目的就是发挥出正手进攻的威力。我国的直拍快攻选手在“快攻速度越快越好动作越小越好”之风的影响下，通常夹着大臂，并不会使用腰腿力量配合击球，这样的动作往往在攻球时不能充分发力。

因此直拍快攻打法想要发挥出正手攻球技术的威力，就需要注意做好以下几点。

(1) 击球动作。①注重用身体重心击球。在向前挥拍击球时，我们要有意识地利用身体重心的移动来提高击球瞬间的力量和动作的稳定性。这就要求我们在整个击球过程中做到腰、膝关节和前脚掌等部位协调配合，各个部位共同发力。②根据来球的旋转不同，调整拍形击球。在我国乒乓球界的一段时间里，曾流行着用固定的拍形、调节用力方向和用力大小的方法来打不同旋转来球的说法。然而，随着欧洲选手弧圈质量的不断提高以及对我国选手采用强下旋逼底线大角战术的运用，如果直拍快攻选手仍然采用这种老旧的方法，必然会降低正手主动进攻的威力。对于直拍快攻选手而言，应该学会用调节拍形的方法打不同旋转性能的来球：对付下旋较强的底线长球，可将拍形稍后仰些；对付弧圈球，可将拍形前倾些，这样就可以显著提高正手攻球的命中率。③根据不同来球，采用不同的回击方法，有利于提高击球的命中率。例如：回击对方拉过来的强上旋弧圈球，应高手引拍，向前迎球同时向前并向前下方用力；对方来球低而转，应低手引拍，同时多向上用力；对方来球慢而高，应向前下方加力扣杀。

（2）重视步法训练。乒乓球步法被视为乒乓球的生命。步法在乒乓球击球中的重要性非常大，它可以影响到球的力量、角度和稳定性。正确的步法可以帮助球员更好地调整身体位置和击球姿势，从而提高击球的准确性和效果。步法是实现积极主动、发挥正手进攻威力的基础。步法快捷，就能及时抢到好的击球点，有助于提高击球准确性，有利于发力击球。在现代乒乓球训练中，应改变直板正胶进攻运动员还原意识差的通病；要在每一个练习内容中把步法要求考虑进去，给运动员树立追球打的意识；要求打完一板球就要迅速还原或调整重心，然后用眼睛紧紧盯住球，从对方的击球动作和球的运行路线判断出球的方向和落点，然后尽早启动身体，做好打下板球的准备。

（3）强化连续进攻意识。随着乒乓球技术的发展，越来越多的优秀乒乓球运动员开始崭露头角，他们大多有较好的相持和防御能力，所以想要一板球就置对方于死地是不现实的。对于直拍快攻选手来说，一定要有连续进攻的意识和能力。打完一板后，迅速准备打第二板、第三板。进攻时要动脑筋，要讲究落点，打大角度，打中路追身或直线，做到灵活多变。同时还应注意快慢打结合，在节奏、力量和速度上进行变化。

（4）提高战术意识和心理素质。在实际比赛中，我们要善于根据对手的情况和自己的优势，灵活调整进攻战术，找到对手的弱点，从而提高正手连续进攻的杀伤力。例如，对方的正手位相持能力薄弱，我们就可以连续进攻到对方的正手位；如果对方的正反手转换能力不强，我们就可以在进攻时多给予正反大角度的调动。另外，我们要在比赛中保持冷静和自信，这样能够更好地应对对手的反击，提高正手连续进攻的威胁性。进攻时要保持自信和专注的心态。培养良好的心理素质，学会控制情绪并保持冷静，有助于更好地发挥正手连续进攻的杀伤力。

5. 提高对付弧圈球的能力

当今的弧圈球技术已经是一项风靡世界的先进技术，它的运用范围十分广泛，正反手都能拉出旋转强的弧圈球。弧圈球技术不仅是弧圈球打法的主要得分手段，也是其他很多打法中一项不可或缺的助攻手段，例如弧圈结合快攻、快攻结合弧圈。那么对于直拍快攻选手来说，想要在比赛中先发制人、力争主动，在世界乒坛保持领先的地位，就要提高对付弧圈球的能力。置身于今日乒坛，却不善于对付弧圈球，无异于已下水却不会游泳。现代弧圈球技术较过去相比有了很大发展，高弧线的弧圈球现在已经几乎见不到了。速度和旋转已经融为一体。这就要求我们在回接弧圈球时，不仅要注意旋转，还要注意速度。在盯住对方的基础上，直拍正胶选手要提高攻打弧圈的意识和能力，直拍反胶选手要提高反拉、反冲的意识和能力。这种意识和能力不仅有利于在相持中获取主动，而且还可以增加发球抢攻的机会。从弧圈球的旋转角度来分析，可具体地分为加转弧圈和不转弧圈。我们的重点应该放在打不转弧圈球上，从不那么转的弧圈球和一般转的弧圈球上寻找反攻的突破口。我们在回接弧圈球时，弧线一定要低，落点一定要刁，在反打或者反冲时，打直线或对方追身的效果更好。直拍选手在被弧圈盯住反手位时，最好能在原推挤的基础上增加一板反手快带(包括反面击球)，通过这一板来改变相持的节奏，然后找机会迅速侧身正手抢攻。此外，在对方拉弧圈力量较轻时，直板正胶选手要敢于侧身攻打，反胶选手要敢于侧身反冲，不能过于保守地站在原地不动，然后左来左打、右来右打。在回接对方的弧圈球时，还要特别注意回接对方从下旋球拉起来的第一板弧圈，这一板球通常会比较转，我们如果控制不住对方的旋转就很容易出现失分。在日常训练中，可以有意识地从下旋球练起，然后让对方拉弧圈球，自己再快带或者反拉回去。掌握好这一板球，在比赛中就拥有了主动权。

目前，常见的几种对付弧圈球的技术手段如下：

平挡弧圈球：平挡弧圈球是防守弧圈球的基础技术。攻打弧圈球和快带弧圈球甚至反拉弧圈球，都是在这个基础上演变而来的。正手平挡弧圈球，首先在站位上，两脚开立别太多，稍微提起重心，找到一种居高临下的感觉，这样可以更好地控制住对方的来球，然后用腰引拍，切忌引拍太大，否则会被具有高旋转的来球顶住。在击球时机上，尽量在来球的上升后期或者高点期迎前击球，根据来球的旋转程度调整板形，如果对方的旋转非常强，可以适度压低板形以克服强烈的上旋力。

攻打弧圈球：攻打弧圈球常常用来对付旋转更强的弧圈球，所谓的攻打就是用我们的力量克服来球的旋转。这个技术要求我们动作紧凑、爆发力强、板形稍微亮开，需要主动发力，但是引拍不宜过大，在来球的上升后期或高点期击球的中上部。

快带弧圈球：快带弧圈球是一种比较先进的对付弧圈球的方法。快带要求我们站位靠近台、动作速度快、板形较为前压，借助来球的前冲力，在来球的上升晚期用腰带动手臂将球击出，动作一定要小而紧凑，比攻打的动作还要小。快带过去的弧圈球具有弧线低、落点开、速度快的特点。在快带时，我们要注意击球点离身体近一些，在平挡弧圈球的基础上稍微加一些力即可，提升回球的稳定性。

反拉弧圈球：反拉弧圈球是一种非常高级的回击对方弧圈球的方法。反拉弧圈球要求站位相对靠近中远台，增加腿部的发力，站住脚，动作幅度相对比较大，要求我们身体、手臂、腰腹主动发力，用自己的旋转克服对方的旋转，增加回球质量。反拉弧圈球时要求我们重心转移比较充分，在下肢发力的基础上，加上手腕的瞬间内收摩擦力，争取打出鞭打效应。

6. 加强反手位的攻守能力

近年来，世界乒乓球技术发展十分迅速。上下旋球的旋转越来越强以及欧洲横拍选手反手进攻能力大幅度提高，使我国直拍快攻打法反手位技术的漏洞明显地暴露出来，从而形成欧洲选手的两面打我们一面的状况。欧洲选手在打我们的选手时，常用的战术就是紧紧抓住我们直拍选手反手不擅长进攻的弱点，逼着我们反手的死角。因此，直拍快攻打法必须率先解决好反手位进攻的技术问题。具体的训练方法可以有以下几种：

提高直拍反手推挡的技术水平和变化：直拍的反手推挡技术是最具有中国特色的直拍技术，速度快、力量大、变化多是该项技术的特点。然而，随着乒乓球技术的飞速发展，直拍反手推挡也出现了一些迫切需要解决的问题：粘不住对手，通常情况下打不上几个回合就会出现失误，并且十分缺乏变化，很容易让对手适应。我们发现，目前毫无变化的单一节奏的推挡是很难抵御欧洲选手高旋转弧圈球的进攻的。因此，反手推挡最应该解决的问题就是提高技术水平并且丰富变化，最起码要具备相持十个回合的能力。与此同时，回球的弧线要低，要可轻可重，要会运用加力减力推挡或推挤来对付对方的弧圈球。

必须具备反手进攻的能力：目前，我国的直拍快攻选手在与欧洲弧圈球选手对战时，吃亏的地方总是在反手。弧圈选手可以有拉、冲、打，但是直拍快攻选手只有单一的推挡，很难进行侧身抢攻，这样就很容易陷入被动的局面。想要改变这种被压制的局面，就必须掌握反手的攻球技术。具体的应用情况如下：(1)如果对手发特别强烈的下旋球到我们的反手底线大角，可使用反手攻球；(2)如果对手侧身但是半推半搓地接发球至我们的反手位，可用使用反手攻球；(3)如果对手使用调右压左的战术，先使用正手攻又跑回反手位，可用使用反手攻球；(4)我方发球后可以使用反手抢攻，也就是发球抢攻中使用反手技术。总而言之，在日常的训练中一定要刻意加强反手进攻技术的提高，努力做到学以致用。

提高直拍横打技术：直拍横打是乒乓球运动打法的一种，指直拍运动员使用球拍反面的覆盖物击球。直拍横打是直拍的反面进攻技术，也是比直拍反手推挡攻球更为合理的技术，已经成为现代直拍运动员必须掌握的一项技术。与传统的直拍快攻打法相比，这种打法的反手技术(如拉、抽、弹、拨、挑等)更为丰富多样，反手位的攻击力也更强。这项技术的特点是，能增强拍面控制的灵活性，充分发挥前臂的力量。直拍横打技术的握拍方法如下：相对于通常的直拍握法而言，运用横打时拇指要往里握得深一点，适度用力压拍；而食指则略微上移至球拍边缘处，稍微放松，使球拍背面前倾，握拍不能太紧，以免影响拍形的调节；背后的其余三指，包括中指、无名指和小指，应该略微伸开些，这样有利于发力和稳定拍形。直拍横打在发力时要注意以下几点：我们以右手持拍为例，身体从左向右发力，在转腰辅助的同时，伸展小臂和手腕发力，力量由下往上传导，最后直至球，拍子应该朝身体的右前上方用力。通常，业余选手在练习时的常见毛病是随意发力，并且不加以控制，不能用腰部控制手臂，这样就不稳定，手臂一乱晃起来就控制不住方向了。看起来很吓人的动作，结果却打不上球，就是这个道理。直拍横打技术的创新，无疑为弥补直拍快攻打法反手位漏洞、丰富和发展直拍进攻型打法创造了有利条件。直拍横打技术的合理运用对加强直拍快攻打法反手位进攻能力有着十分重要的作用。需要注意的是，直拍快攻打法在左半台仍应以侧身正手进攻为主，在此基础上，注意其他技术与直拍横打技术的有机组合。

三、削球打法的训练

(一) 打法简介

在乒乓球运动的早期，削球打法是最为流行和最具威力的打法。在当时，削球打法的运动员人数十分多，并且获得了很多辉煌的战绩。这一时期也是欧洲乒乓球运动的全盛时期。在 1952—1997 年这一时期，由于器材和规则的改变等，快攻打法和弧圈球打法得到了迅猛发展，如果说在乒乓球运动的早期，削球打法是乒乓球技术打法家族中的主角的话，那么在这一时期，削球打法则是乒乓球技术打法家族中的一支奇兵，这支奇兵的作用主要体现在我国削球选手身上。

削球型打法是乒乓球三大打法之一，它主要是后发制人，削球时间大都在下降期。例如，以近削为主的，一般是削球的下降初期；以中、远台削球为主的，一般是削球的下降期。削球的目的是制造旋转，使对方出现接球失误。制造旋转可以削球的中部，也可以削中下部从而制造出不同的旋转。削球手不仅可以削出很旋的上旋球，也可以削出很转的下旋球。但是总的来说，削球手大部分时间还是处于防守的状态，在比赛中基本都是被动的，所以目前不被大多数乒乓球爱好者选用。“转、稳、低、变、攻”是削球型打法的技术风格。这一技术风格不仅反映了中国削球运动员的特点，还符合了世界乒乓球技术的发展规律。削球时，把球削得又稳又低是该打法的最基本要求。通过变化旋转、落点、节奏来争取主动或直接得分是该技术打法的重要手段。发球抢攻、削中反攻技术是该打法的主要得分手段。

现代的削球打法大致分为两种类型：第一种是削攻结合打法，代表人物有陈新华、王浩，其打法特点是以转为主、以狠为辅、转狠结合、攻守兼备；第二种是攻削结合打法，代表人物有丁松，其打法特点是以狠为主、以转为辅、狠转结合、攻削结合，这种打法符合当代世界乒乓球技术快速凶狠的新潮流，是削球的新型打法。

当前，在各种打法激烈竞争的形势下，削球打法要达到世界先进水平，就必须率先改变“削球是被动的”观念，树立主动积极的意识：积极增加旋转变化(转与不转的变化，上旋与下旋的变化)，更加积极主动进攻，加强攻守节奏的变化和速度的变化。在加强主动进攻的意识后，还要注重技术的更新。现代的削球型打法在技术上除了要具备正反手近远台削转与不转技术、近远台防守重板及中路削球外，还需要学会熟练合理运用以下技术：正手攻球(正手对拉弧圈球、兜一板、正手上台攻、正手连续攻)、正手放高球、反手攻球(削中反攻、反手上台攻、反手拉弧圈、反手拉回头)、反手放高球等。当前乒乓球技术的发展要求削球型打法成为一种“全能型”打法，不能是以前那种处于被动的只削不攻的打法。同时，在技术动作的要求上比过去有所更新，以前削球点偏低，动作幅度很大，在下降后期腰部击球，发力的方向是往前削送，由于击球点过低，在与攻球尤其是与弧圈球的对抗中，显得十分被动；现在要求削球的击球时间应适当前移，这样容易掌握主动权。

如果从使用的胶皮性能来看，削球打法又可以分为两大类：一类是两面反胶的削球，其特点是容易制造旋转，攻守兼备；另一类是正面反胶反面长胶，其特点是反面长胶能顶对手的“大板”，所谓的大板就是对方拉得又快又转、力量又很大的弧圈球，这是因为长胶颗粒具有鞭打加转的特性。相对地，反手由于使用了长胶，进攻能力就要弱一些。现在比较常见的削球打法就是正面反胶反面长胶的打法。

（二）训练中的注意事项

1. 提高对付弧圈球的能力

（1）提高削接的稳定性。弧圈球已经成为现代乒乓球运动中的最主流进攻技术之一。正因如此，在比赛场中，我们会看到很多乒乓球运动员都使用这个作为一种突破进攻的技术。弧圈球的特点如下：一般带有强烈的上旋性，球的运行曲线的弧度大，落台后前冲力大、命中率高、攻击力强。那么对于削球选手来说，就要提高削接弧圈球的稳定性和上台率，具体的技术要点如下：

① 判断清楚旋转。一般来说，弧圈球的旋转可以分为三种：强旋转、一般旋转和不怎么转。因此在每次击球前，首先要判断清楚弧圈球的具体旋转，然后才能采取相应的削球动作。判断时要从对方挥拍用力的大小、球在拍上摩擦时间的长短、飞行的弧线速度以及落台后的反弹速度等方面来综合进行分析。

② 击球的时间要因球而异。在削强旋转弧圈球时，在下降期触球会比较好，因为这时来球的旋转相对较弱，不容易削出高球。在削一般旋转和不太转的弧圈球时，我们可在下降的前期或高点期击球，在下降前期击球可以丰富旋转变化，在高点期击球可以逼对方的两大角。

③ 击球的挥拍速度要因球而异。一般来说，弧圈球的旋转越强，挥拍速度就要越快，就越要加力。相反地，如果来球的旋转较弱，挥拍速度就要稍慢些。值得注意的是，长胶削球不受此限制。

④ 击球的动作幅度要因球而异。在削强旋转的弧圈球时，击球的动作幅度要大些；反之，来球旋转弱，挥拍幅度应该稍微小些。

（2）提高削接的杀伤力。对于削球手来说，削接弧圈球时不仅要稳定上台，还需要使削过去的球带有攻击性，这样才能让本来比较偏被动的削球打法变得主动一些。然后，从目前来看，大多数削球手还未真正摆脱弧圈球的控制，削过去的球弧线经常偏高，从而被对方冲杀。因此，提高削接弧圈球的凶狠度和杀伤力，是削球手过弧圈关的重要环节。提高削接弧圈球的凶狠度要注意以下几点：①加快挥拍击球的瞬时速度，这样有利于对付弧圈球的旋转，从而降低回球的弧线，避免出高球被对方冲杀；②适当地提早击球时间，这样有助于削出弧线低而速度快的球；③在削球时，以加转球为主，然后用类似的动作削出强烈下旋球、不转球或是侧旋球来牵制干扰对方，让对方迷惑。或者在削球中突然兜一板小上旋，主动变化节奏，然后争取主动，找机会抢攻上手，这种方式是当代削球手掌握场上主动权、克制弧圈球的有效手段。

2. 提高攻削结合的能力

攻削结合打法的特点是站位偏向中远台，削球比较稳健，旋转变化较大，落点控制能力强，正、反手都能主动进攻。在实战中，多以削球的旋转变化为进攻创造机会。攻削结合型打法所具有的稳健、积极的特点是其能够同进攻型打法抗衡的基础。从客观上讲，在训练时间方面，在同样的时间下，攻削结合的运动员不仅要练习攻球，又要练习削球，而进攻型运动员只需要训练攻球。攻与削本身的矛盾使得板形、发力方式等方面产生巨大的差异。从主观上讲，制约攻削型运动员发展的因素主要有以下两点。①发球抢攻使用率的下降。在实施无遮挡发球的规则后，发球抢攻环节很难发出高质量的发球，从而影响发球抢攻战术的执行。②接发球的主动意识不够。攻削结合的运动员在接发球时，第一反应还是使用搓球，主动抢攻、抢拉的意识还不够。

攻削技术的密切配合以及连续进攻的能力是攻削打法中两项十分重要的基本功，也是当今世界乒坛发展潮流对削球打法提出的最新要求。现代的削球打法训练一定要重视解决削与攻的紧密结合，要抓紧改变“削球只能在出现机会后才能攻一板”的落后理念。在削球中伺机反攻战术原则上是没有问题的，但是在没有合适机会的情况下进行抢攻也是现代乒乓球技术对削球手提出的更高要求和挑战。削球可以为攻球创造机会，攻球可以为削球提供方便，两者相辅相成。在日常的训练中，应从以下几个方面提高主动进攻的能力和攻削结合能力：

（1）巩固加强前三板积极主动的意识和能力：削球型选手应该认真向进攻型选手学习抢攻，重视前三板球的主动进攻意识与能力，改变以往忽视前三板技术的误区。攻削型选手一定要充分利用每一轮的发球来发动进攻，就算第一板、第二板未能直接攻死对方，我们还可以退到中远台削出多变的旋转球与对方相持，这也算攻削选手的一个退路。在接发球方面，更应加强主动上手的意识与能力，不能总是以搓球回接，还要采取点、拉、拨、挑、冲、打等进攻技术，即使不能直接得分，也要争取打乱对方发球抢攻节奏。中国攻削型打法选手丁松在第43届世乒赛中，发球抢攻得分率高达84%，使用率达到了34%；接发球抢攻的得分率达到50%，使用率达到29%，甚至超过了一般攻球手的水平。因此，争取前三板的主动上手，赋予削球打法更高层次的攻球定义，是当代攻削打法的新潮流。

（2）提高削中反攻以及连续进攻的意识与能力：攻削打法除了通过削球来变化旋转从而压制对方进攻外，还需要通过削球的旋转变化，为削球手自身的抢攻创造机会。要在日常的训练中不断加强削中反攻的意识，不但近台能反攻，还要中台削中反拉，甚至可以连续对拉。攻削型选手要加大攻削结合的训练比例，从而提高削球和攻球技术的转换能力。

（3）加强左半台的进攻能力：我国攻削型选手的进攻主要依靠正手，所以左半台的进攻是薄弱环节。一是侧身少，二是反手不会攻或者不敢攻，尤其是女子选手，在退到中台后更没有反手攻球，通常会被对方将过渡球送到反手位，然后再伺机杀我们两角，让我们十分被动。因此，培养的攻削型选手，应正反手都会攻，正反手都可以拉弧圈球，敢于大胆侧身抢攻，这样才能适合当前世界乒坛技术发展的要求。

第五节　身体素质训练

一直以来，大多数人对乒乓球运动中的身体素质要求都存在一个误区：他们都认为乒乓球仅仅是围绕着一张小小的球台，移动范围很小，而且球也只有 40 毫米，同时还很轻，所以对运动员的体能要求肯定不高，主要靠技术层面来取得比赛的胜利。但是实际上，这个观点是完全不正确的，乒乓球运动也需要运动员有较高的身体素质。近年来，国际乒联所实施的包括小球改大球、21 分制改 11 分制、无遮挡发球、有机胶水改无机胶水、赛璐珞改塑料球及将要进行的提高球网高度在内等改革都对乒乓球运动员的体能提出了新的要求。如果运动员的体能不佳，那么打出去的球的速度、旋转和力量等都会不足，从而就很难在高水平的对决中占据主动。因此，乒乓球运动员必须加强身体素质的训练。良好的身体素质是技战术训练的基础，是形成和保持竞技状态、胜任紧张比赛不可缺少的重要条件。运动员身体素质的提高也间接反映出机能体能水平的提高，这也是运动员承担高强度比赛和技战术训练的基础。

身体素质是人体在运动、劳动和日常活动中，在中枢神经调节下，各器官系统功能的综合表现，如力量、耐力、速度、灵敏度、柔韧性等机体能力。身体素质的强弱，是衡量一个人体质状况的重要标志之一。身体素质的发展，对增强人的体质和健康有着重要意义。身体素质是人体为适应运动的需要所储存的身体能力要素，它是人体肌肉活动基本能力的表现。身体素质包括五个方面：速度素质，是人体在单位时间内移动的距离或对外界刺激反应快慢的一种能力；力量素质，是身体某些肌肉收缩时产生的力量；耐力素质，是人体长时间进行肌肉活动和抵抗疲劳的能力；灵敏素质是迅速改变体位、转换动作和随机应变的能力；柔韧素质指的是人体活动时各关节肌肉和韧带的弹性和伸展度。根据每个体育项目的不同，重点需要的素质也不一样，例如体操运动员对柔韧性的要求非常高，举重运动员对力量素质的要求非常高，田径比赛则对速度和耐力有着较高要求，球类运动则要求相对力量、速度和灵敏度等身体素质。本节主要阐述以下乒乓球运动员的身体素质特点和训练方法。

一、力量素质

乒乓球训练需要特定的力量素质，从生物力学角度来分析乒乓球动作可以知道，乒乓球动作是在稳定的和最短的时间内使肌肉在变换的技术动作中发力。力量素质是指人体肌肉工作时克服内、外阻力的能力，人体在克服这些阻力中提高、发展自身的力量素质。力量素质是竞技运动中的首要素质，对其他运动素质的发展起着积极的作用。内部阻力包括肌肉的黏滞力、关节的加固力及各肌肉间的对抗力等，外部阻力往往是发展力量素质的手段。力量素质是人体进行体育运动的基本素质之一，是获得运动技能和取得优异运动成绩的基础，同时也是其他身体素质发展的重要因素。据统计，一场激烈的乒乓球比赛，运动员在场上反复快速移动达500次左右，同时蹬、跳、跨、滑等对下肢力量的要求很高。无论是在前台的快攻、防守、摆短、台内抢攻，还是在中远台的弧圈球、对拉、反拉都需要一定的手腕、手臂、肩部、腰背肌群的力量。因而，乒乓球运动对上肢、肩部、躯干肌肉群的力量要求也较高。鉴于此，在教学、训练以及自我训练中，应注意科学地、系统地增强上、下肢及躯干肌肉群的力量素质。

力量素质按肌肉的工作方式可分为静力性力量和动力性力量。静力性力量是指肌肉做等长收缩时产生的力量，肢体不产生明显位移，又称等长收缩。动力性力量是指肌肉做等张收缩时产生的力量，肢体产生明显位移，又称等张收缩。动力性力量包括重量性和速度性力量。按力量与人体重的关系，可分为绝对力量与相对力量。绝对力量是不与体重相关表现出的力量；相对力量是指每千克体重表现出的力量。按力量的表现形式，可分为速度力量和力量耐力。速度力量是指快速用力的能力，力量耐力是指长时间用力的能力。

（一）乒乓球力量素质特点

乒乓球运动具有球小、速度快和旋转变化多的特点，加上乒乓球台的面积相对较小，技术动作主要依靠脚底下的移动和手臂的挥动完成，因此乒乓球运动中的所有击球力量均属于动力性力量。乒乓球运动中所用的力量和速度力量、相对力量及力量耐力关系紧密，而绝对力量的使用相对要少很多。乒乓球力量训练重点包括提高下肢力量（负责脚步启动和移动速度）、提高上肢力量（挥拍速度、击球力量）以及核心力量（维持身体重心稳定）的训练。

（二）力量素质训练的注意事项

1. 力量素质训练要全面且有重点

在发展力量素质的过程中，一方面应使四肢、腰、腹、背、臀等部位所在大肌肉群和主要肌肉群得到锻炼、提高，另一方面也要注意发展那些薄弱的小肌肉群的力量。因为乒乓球运动中的许多动作是十分复杂的，需要身体各部位大小不同的肌群协同工作才能完成，所以发展不同类型的力量素质也不意味着面面俱到、平均发展，应该在全面发展的基础上有针对性地侧重训练。

2. 练习中肌肉应充分拉长和收缩，练习后肌肉应充分放松

每次力量练习时，应该使我们的肌肉先充分伸展拉长，然后再收缩，动作的幅度要大一些。因为肌纤维被拉长后可以增大收缩的力量，同时可保持肌肉良好的弹性和收缩速度。在力量练习后，肌肉通常会充血，胀得很硬，这时我们应做一些与力量练习动作相反的拉伸动作，或者做一些按摩、抖动，让肌肉充分放松。这样不仅可以加快疲劳的消除，利于身体的恢复，还可以防止关节柔韧性因力量训练而下降，同时有助于保持肌肉良好的弹性和收缩速度。

肌电研究证明，肌肉越是工作到接近疲劳时其放电量就越大。这说明此时肌肉受到了较深的刺激，这种刺激可以使机体发生良好的生理、生化反应，有助于超量恢复而使力量得到增长。因此，在进行力量练习时，越是最力竭的最后一、二次动作，越要坚持完成，这样才能获得最大化的训练效率。

3. 力量练习时要全神贯注，注意安全

肌肉活动是在人体中枢神经系统的调节下进行的，所以练习时一定要全神贯注，练习哪些部位就想到哪些部位，让我们的意念活动与练习动作紧密配合并且保持一致。这样有助于肌肉力量得到更好的发展。应当注意的是，当我们进行大负荷练习时，不能说说笑笑，注意力一定要保持高度集中，否则很容易受伤。在笑的时候，肌肉很容易放松，而力量练习的负荷较大，一不当心就会给机体带来损伤。此外，为了平安练习，达到期望的效果，还应注意加强自我保护和互相保护。我们可以在训练时找一个专业的陪练，在练习到极限重量时，可以对我们起到辅助和保护的作用。

4. 结合专项特点安排力量训练

在进行力量训练时，不同的专项动作有各自不同的技术动作和发力方式，要求参加工作的肌肉群力量也不同。例如，跑动要求竭尽全力连续快速蹬地向前推进的力量；投掷要求竭尽全力使运动器械获得最大加速度的爆发力量；体操项目既有慢起用力动作，又有爆发力的推手、踏跳，还有回环力、翻转力等动作。因此，力量训练时一方面要根据专项技术的动作结构来选择适当的练习，以发展相关的肌肉群力量；另一方面要通过肌电研究来了解主要肌群的用力特点、工作方式、用力方向、关节角度等，确定力量训练的方法。只有紧密结合专项特点来安排力量训练，才能收到更好的效果。

每一个力量练习动作，都有各自的技术要求，练习者只有按照技术规格要求

去练习去发力，才能够真正发展肌肉群的力量。否则，如果技术动作发生了变形，参与活动的肌群也就发生了改变，就会影响我们训练的结果，就有可能出现想练手臂肌肉但是最后练到了手腕力量这种情况。例如，臂弯举的正确动作是身体直立，两臂贴于体侧，只依靠肘关节的充分屈伸来完成，保证屈肘肌群力量得到充分发展。但是很多练习者做弯举时，为了贪图省力，往往依靠身体的前后摆动来帮助完成举的动作。这样表面看起来似乎可以举起更大的重量，但是实际上发展肱二头肌的效果反而要差一些，因为身体摆动时腰背肌肉、臀部和大腿后面的伸髋肌群也参与了工作。更重要的是，掌握正确技术动作，还可以防止伤害事故。例如做深蹲练习，正确的动作要求挺胸直腰，腰背肌收紧以固定脊柱，主要依靠膝关节的屈伸，同时也伴随着髋关节的一定屈伸。即使站不起来，腰背肌也要一直保持收紧，等待同伴的保护帮助。这样不仅安全可靠，又能保证伸膝肌群力量得到很好锻炼。可是很多练习者往往总是弓腰练习深蹲，尤其是当站不起来时，腰弓得更加厉害，这样就比较容易造成腰部损伤。

5. 要掌握正确的呼吸方法

憋气有利于固定人体的胸廓，提高腰背肌的紧张程度，因此可提高练习时的力量，所以极限用力往往要在憋气的情况下进行。有的学者进行背力测定时发现，如一人憋气时背力最大为 133 千克，在呼气时为 129 千克，而在吸气时力量最小，为 127 千克。虽然憋气确实可提高练习时的力量，但用力憋气会引起胸廓内压力的提高，使动脉的血液循环受阻，而导致脑贫血，甚至会产生休克。

为避免产生不良后果，力量练习时必须注意以下几点：

第一，当最大用力的时间很短，但有条件不憋气时就不要憋气。尤其在重复做用力不是很大的练习时，应尽量不憋气。

第二，为避免用憋气来完成练习，对刚开始训练的人，所给予的极限和次极限用力的练习不要太多，并让其学会在练习过程中完成呼吸。

第三，在完成力量练习前不应做最深的吸气，因为力量练习时间短暂，吸的气并不会立即在练习中产生作用；相反，深度吸气增加了胸廓内的压力，此时如再憋气就可能产生不良变化。

第四，用狭窄的声带进行呼气，几乎也可达到与憋气类似的力量指标。因此，做最大用力时可采用慢呼气来协助最大用力练习的完成。

6. 大负荷与循序递增负荷并存

大负荷是指训练的负荷强度和训练总量，一般要用某人所能承受的最大负荷或接近最大负荷来进行训练，这样有着最好的训练效果。采用大负荷能迫使肌肉进行最大程度的收缩，能刺激人体产生一系列的生理适应性变化，从而导致肌肉力量的增加。为了达到大负荷，训练时无疑要保持较大的强度，或者要保持较大的数量(次数和组数)。

在力量训练的过程中，当力量增长后，原来的负荷(主要指重量)就逐渐地变为小负荷了。因此，为了继续保持大负荷，就必须循序渐进递增负荷。举个例子，训练开始时，某人用20千克做臂弯举，反复举8次出现疲劳；随着时间的推移，当他能用20千克连续举起12次时，这时就可以增加负荷至又能举起8次的重量，从而使其上升一个新的负荷。这样就可使有关的肌肉群始终在大负荷状态下工作。

优秀运动员的力量训练是建立在“超负荷训练”的基础上的。所谓“超负荷训练”就是指要求肌肉完成超出平时的负荷。“超负荷训练”通常会引起肌肉成分(特别是肌蛋白)的分解。“超负荷训练”会导致超量恢复的产生。在超量恢复的整个过程中，肌肉的成分会重新组合，肌蛋白含量得到提高，从而使肌肉更加粗壮有力。值得注意的是，在训练时一定要保证蛋白质的足够摄入，这样有利于肌肉力量的提高。

7. 训练安排要系统且科学

根据“用进废退”的原理，力量素质训练应全年系统地安排，不能无故中断。科学研究表明，力量增长得快，停止训练后消退得也快。因此，如果停止了力量训练，已获得的力量将会按增长速度的三分之一消退。通过训练获得的力量，停止训练后虽然会缓慢消退，但一部分力量会保持很久，甚至会永远保持下来。然而，发展力量素质练习不应该在疲劳的状态下进行，这时的练习不是发展力量，而是发展肌肉的耐力。

力量素质练习应因人、因项、因不同训练周期和训练任务而异，负荷的安排应是周期性、波浪式的。力量训练课的次数取决于很多因素：训练课的主要任务，训练课处于的阶段和周期，各力量素质的发展水平及训练特点，运动员的年龄、性别、健康状况、身体素质及训练水平等。其中，训练水平是重要的因素之一。实验证明，对于刚开始训练的人，每周3次课要比1~2次课或5次课的效果更好；而对训练有素的运动员来讲，训练课的次数则可以安排得稍多一些。这是因为刚参加训练的人与训练有素的运动员相比，恢复过程不同，适应性变化也不相同。根据优秀运动员的训练经验，每周进行1~2次力量训练，可以保持已获得的力量，每周进行4~6次力量训练，力量可获得显著增长。

在进行发展力量素质的训练课中，应使各肌肉群交替“进行工作”。例如训练课开始时，先进行下肢肌肉群的综合练习，之后再进行躯干肌肉群练习，然后进行上肢和肩带肌肉群的练习。在一堂课上如果要安排发展某些肌肉群的练习，只有先促进大量的肌肉群投入工作，然后才可以启动部分或局部肌肉群投入工作。

（三）乒乓球力量素质训练的方法

力量素质训练手段多种多样，涉及的部位是全身，但是主要涉及上肢、下肢和腰腹的力量，所以本文主要列出几种常见的练习上肢、下肢和腰腹力量的训练手段。

上肢力量训练主要是发展手腕、小臂(前臂)、大臂(上臂)、肩部等部位的肌肉力量，常用的训练方法如下。(1)哑铃训练：哑铃推举、哑铃体前平举、哑铃前平举、哑铃俯立侧平举、哑铃扩胸、哑铃两臂交换摆动、哑铃侧平举、哑铃前臂屈伸、哑铃体前臂交换推。(2)徒手训练：墙手倒立、墙手侧立臂屈伸、俯卧撑、俯卧撑推起击掌、指卧撑、仰卧撑、立卧撑。(3)实心球练习：单手正面推掷球、单(双)手体前上抛球、单手侧向推掷球、双手向后抛球、单手肩上前甩球、双手侧抛球。(4)杠铃练习：单手上举、站立推举、提铃上举、斜上推举、颈后推举、直臂上举、前平举、坐推举、卧推举、上提杠铃。

下肢力量的训练是关键。乒乓球运动员的负担量主要是在下肢，而下肢运动的特点是前、后、左、右等方向转换步法。因此，加强下肢力量训练，能够为快速移动步法打下良好的基础。下肢力量训练主要是发展髋部(骨盆部)、腿部(大、小腿)、足部，常用的训练方法如下。(1)徒手练习：静力半蹲、单腿蹲起、单足跳、纵跳、屈体跳、侧向跳、挺身跳、立定三级跳、多级跳、蛙跳、跳起抱膝、跳起转身。(2)双人练习：驮人跳、小腿力量对抗、拉手单足跳、侧弓步交换跳、挂肘跳、跳人马。(3)实心球练习：俯卧双脚夹球后摆起、俯卧双脚夹球腿屈伸、双脚夹球上抛、双脚夹球前抛、双脚夹球后抛、双脚夹球侧抛、双脚夹球向前蹲跳。(4)杠铃练习：肩负杠铃提踵、肩负杠铃蹲起、肩负杠铃半蹲起、肩负杠铃弓箭步换腿跳、肩负杠铃半蹲跳、肩负杠铃左右侧跨跳、肩负杠铃前后左右跳、肩负杠铃弓箭步走、肩负杠铃蹬上台阶。

乒乓球运动中的转体步法、各种拉球动作以及击球之后的快速还原等动作，都需要强有力的躯干肌肉力量。因此，对乒乓球运动员来说，不能忽视提高躯干肌肉群(腹、背肌)的力量。躯干肌肉群(腹、背肌)力量训练的常用方法有以下几种。(1)徒手练习：仰卧起坐、仰卧举腿、仰卧两头起、仰卧蹬伸、俯卧体后屈、仰卧起坐转体、俯卧体后屈转体。(2)沙背心、沙护腿练习：背屈伸转体、侧屈体、马头仰卧举腿、斜板仰卧起坐、俯卧举腿、仰卧两头起。(3)肋木练习：背悬垂直腿上举、背悬垂屈腿上举、背悬垂侧举腿、背悬垂举腿绕环。

二、耐力素质

耐力素质是指人体长时间进行肌肉活动时抗疲劳的能力。耐力素质是人体各器官系统机能和心理素质的综合表现，也是人的体质强弱的重要标志。发展耐力素质可以有效提高人体呼吸系统和心血管系统的功能，改善新陈代谢水平，增强抗疲劳的能力，还可以培养坚毅、顽强等优良的心理品质。在运动中，出现疲劳时，运动速度、力量、神经肌肉的协调配合能力就会出现大幅度的下滑，可能会导致灵敏性和动作精准度的降低，从而妨碍正常技术的发挥，影响我们的运动成绩。

在竞技体育领域，耐力素质在不同的竞技运动项目中有着不同的作用。对于长距离走、跑、骑、游、滑、划等竞速项目来说，耐力素质是决定运动员竞技水平高低的主导素质，对运动员总体竞技水平起着决定性的影响；对足球、羽毛球、乒乓球、水球、拳击、摔跤等持续竞技时间较长的运动项目来说，耐力素质对运动员的比赛结果也有着重大影响；对比赛时间很短的竞技项目来说，尽管在比赛现场通常无法直接感受到耐力素质对运动员竞技水平的重要影响，但不容置疑的是，短距离竞速选手、跳远、举重、体操等选手也都需要发展相应的耐力素质，以便坚持和承受不断加大的训练负荷，并保证以充沛的体力参与竞技比赛。

乒乓球运动中所需要的耐力素质是和运动节奏、强度、力量及灵敏度紧密结合在一起的。特别是当前国际乒协使用了 40 毫米+的大球进行比赛，这样一来，乒乓球的球速和旋转就会比原来有明显的减弱，就会使双方运动员在比赛中的相持球回合次数增多，就更加需要发展耐力素质的训练。另外，对于国际大赛而言，赛程的安排都是相对比较紧密的，而且通常都是五局三胜或者七局四胜，如果运动员不具备良好的耐力素质，那么很可能会在高强度的比赛中逐渐失去竞技状态，从而影响最终成绩。

（一）耐力素质的分类

按照人体的生理系统分类，耐力素质可以分为肌肉耐力和心血管耐力。肌肉耐力也称力量耐力，心血管耐力又分为有氧耐力和无氧耐力。

有氧耐力是指机体在氧气供应比较充足的情况下，能坚持长时间工作的能力。有氧耐力训练的目的在于提高运动员机体吸收、输送和利用氧气的能力，促进有机体的新陈代谢。无氧耐力是指机体以无氧代谢为主要供能形式，坚持较长时间工作的能力。

无氧耐力又分为磷酸原代谢供能无氧耐力和糖酵解代谢供能无氧耐力。

在无氧代谢供能的肌肉活动中，磷酸肌酸分解供能，不产生乳酸，叫作磷酸原代谢供能。机体处在这种状态下，坚持较长时间工作的能力，称为磷酸原代谢供能无氧耐力。在无氧代谢的肌肉活动中，糖的酵解供能，产生乳酸。机体处在这种状态下，坚持长时间工作的能力，称为糖酵解代谢供能无氧耐力。

根据肌肉工作的力学特征，耐力素质可分为静力性耐力(如立姿步枪射击)及动力性耐力。

依耐力素质对专项的影响，耐力素质又可分为一般耐力和专项耐力。一般耐力是指对提高专项运动成绩起间接作用的基础性耐力；专项耐力是指与提高专项运动成绩有直接关系的耐力，具体地讲是指持续完成专项动作或接近比赛动作的耐力。

一般来说，耐力素质取决于运动员有氧代谢的能力、体内能源物质的储存、支撑运动器官承受长时间工作的能力，以及运动员的心理控制和对疲劳的耐受程度四个方面。

提高运动员的摄氧、输氧及用氧能力，保持运动员体内适宜的糖原的储存量，提高肌肉、关节、韧带等支撑运动器官对长时间负荷的承受能力，加强运动员心理调节控制的能力，改进运动员在疲劳状态下动员机体潜力、持续工作的自我激励能力，是发展运动员耐力素质的重要途径。长时间的单一练习，例如跑步、游泳、骑自行车等，不仅能发展机体有氧代谢的能力，也能发展与运动相关的主要的工作肌群及关节、韧带的工作耐力。而长时间变换内容的耐力练习，可以减轻局部肌肉的工作负荷，可以更好地培养运动员有氧代谢的能力。

(二) 耐力素质的训练注意事项

① 耐力训练每节练习时间最好为 10~15 分钟，为增强耐力打下基础。时间过短可能会起不到训练的作用，时间过长可能会过度消耗运动员的体力和状态，从而不能在乒乓球相关的技术训练上有着最好的表现。

② 耐力素质的训练应该遵循人体生长发育的基本规律。教练员应该根据运动员的发育水平合理安排耐力训练的内容和量，如果耐力水平与生长发育水平不一致，非但不能起到良好的练习效果，还会严重损害运动员的健康。男子在 17 岁之后，女子在 16 岁以后，发展素质耐力较好。在运动负荷方面，男子和女子、体质强和体质弱者都要有明显的差别。青春期后，负荷要求就要大得多，因此耐力练习要根据不同对象的生理、心理特点而定，根据运动员个体特点来确定练习强度、持续时间、间歇的时间以及重复练习的次数。

③ 耐力素质训练中应该注重呼吸的节奏和深度。发展耐力素质，特别是发展有氧耐力，正确的呼吸方法是十分重要的。因为耐力训练对氧气的需求量很大，只有呼吸到位，氧气的供应才能到位。耐力素质训练应注意呼吸的节奏与动

作节奏的协调一致。

④ 发展耐力素质应该在发展有氧耐力的基础上发展无氧耐力。发展耐力素质要加适量的运动负荷与间歇。

⑤ 耐力素质练习后要采取有效的措施和手段，使疲劳的肌肉及神经系统得以放松，尽早消除疲劳，为下次练习创造条件。

⑥ 耐力素质的训练相对较为枯燥，而且容易疲劳，因此训练中要尽量采用集体练习，手段多样化，以避免枯燥。

（三）耐力素质的训练方法

常用的训练方法如下：(1)连续 3 分钟跳绳，可以根据水平能力练习单摇、双摇或者花式跳绳；(2)连续的多球训练，例如之前打一盆球，在进行耐力训练时，可以连续打两盆球，而且要加上发球点位的变化，这样可以让运动员的腿部肌肉耐力得到大幅度的提升；(3)单独的步法训练；5 分钟的推侧扑、交叉步、跨步的训练。(4)半蹲静力练习，躯干伸直，屈膝约 90°，成半蹲的姿势静止 3~5 分钟。

值得一提的是，12 分钟跑是国际上十分流行的一种运动方式，对发展机体的有氧耐力、提高心血管功能有着十分重要的帮助。在跑完 12 分钟后，根据自己跑的距离，对照一下评分表，就可以知道自己的有氧代谢能力水平。耐力训练可分为有氧耐力和无氧耐力。有氧耐力训练可以通过长跑、游泳、登山、健美操等来训练，无氧耐力可以通过包括爆发运动如短跑、跳高、跳远等来训练。爆发力较差的人应注意缩短运动的距离。以长跑为例，可以先从 1 千米开始，逐渐过渡到 2 千米、5 千米等。

三、速度素质

速度素质是青少年体能训练中一种十分重要的运动素质，国内外对速度素质的研究可谓百花齐放、百家争鸣。苏联的普拉诺夫认为“速度是指运动员保证在最短时间内完成动作的综合功能”，德国的盖·施莫林斯基提出“所谓速度是指在神经系统和肌肉组织运动过程的可变性的基础上，以一定的速度来完成动作的能力”，加拿大的图多·博姆帕将速度的内涵定为人体“快速运动的能力”，我国的过家兴教授提出“速度素质是人体快速完成动作的能力和动作反应时间的总称，也可理解为人体(或身体的某部分)进行快速运动的能力”。然后，董国珍教授指出“速度素质是指人体快速运动的能力。这里包括人体快速完成动作的能力和对外界信号刺激快速反应的能力”。随着文化的融合，现在大家对速度素质的认识逐步趋向一致，普遍认为速度素质是指人体或人体某部位快速运动的能力。

（一）速度素质的分类

速度素质可以分为反应速度、移动速度和动作速度三种。

反应速度：人体对各种信号刺激（声、光、触等）的快速应答的能力。由于运动员对不同类型信号的反应时间是不同的，训练中往往根据不同项目的特点测定运动员对特定信号的反应时间。例如，短跑、游泳等周期性竞速项目运动员主要接收听觉信号，而乒乓球运动员则主要通过接收视觉信号做出技战术反应。反应速度主要取决于效应器的兴奋性、感受器的敏感性和中枢延搁。其中，中枢延搁对反应速度的影响最大。反应速度与神经系统的兴奋性和灵活性有关，有良好的赛前状态，反应速度就快；此外也与条件反射的巩固程度有关，动作越熟练，反应速度就越快。反应速度素质受遗传效应影响较大。

移动速度：人体在特定方向上位移的速度。以单位时间内机体移动的距离为评定指标。从运动学上讲，是距离与通过该距离所用的时间之比。在体育运动中，常常以人体通过固定距离所用的时间来表示，如男子 100 米跑 12 秒、100 米自由泳 60 秒等。移动速度的主要影响因素是步长和步频。移动速度主要取决于动作频率即单位时间内完成的动作周期数和每一个动作周期在特定运动方向上的位移幅度。通过对这两个因素进行改善和合理组合，是提高移动速度的关键。以短跑为例，短跑的速度主要取决于步长和步频。步长取决于腿长、下肢关节的灵活性及肌肉力量；步频取决于神经系统过程的灵活性、快肌纤维百分比及其肥大程度、各肌肉之间的协调能力、神经系统的机能状态。此外，移动速度也受到动作技术和肌肉放松能力的影响。

动作速度：人体或人体某一部分快速完成动作的能力。动作速度是技术动作不可缺少的重要因素，表现为人体完成某一技术动作时的挥摆速度、击打速度、蹬伸速度、踢踹速度等，此外还包含在单位时间里连续完成单个动作时重复的次数（动作频率）。运动员机体任何部位动作速度的快慢，主要取决于中枢神经系统的功能、引起该部位运动的肌肉力量大小，以及技术动作的合理性。快肌纤维收缩速度快，慢肌纤维收缩速度慢。肌肉力量越大，越有利于克服肌肉产生的阻力，使肌肉收缩的速度加快。肌肉组织的兴奋性，兴奋性越高，低强度的刺激就能引起组织兴奋，收缩的潜伏期短，收缩速度加快。动作速度也与条件反射的巩固程度有关。因为动作速度通常包含在某个技术动作之中，如抓举的动作速度、跳跃起跳的动作速度、游泳转身的动作速度、乒乓球挥拍的速度、乒乓球收小臂的速度等。所以动作速度的测量通常是与技术参数测定联系在一起的，像出手速度、起跳速度、角速度、加速度等。此外，可以通过对连续反复多次完成同一动作计时求出平均的动作速度。

（二）速度素质的训练注意事项

1. 合理安排速度素质的训练时间

在进行体能训练时，各种运动素质之间其实存在素质的转移现象。例如，在速度素质练习中，常常会使用发展力量的手段来促进速度的增长。在静力性练习中，由于动作较为缓慢，会降低神经过程和肌肉活动的灵活性，而速度素质训练要求神经灵活性高，因此，速度素质练习应放在力量素质训练之前，而且力量素质练习也应以动力性力量为主。一般来说，速度素质训练强度相对较大，对青少年的兴奋性和运动欲望要求较高，训练的时间不宜过长，应安排在训练课的前半部分。

2. 速度素质练习和其他素质练习的结合

速度素质练习通常不是单一的素质练习，通常会与快速力量、灵敏度和协调性相结合练习。需要注意的是，在结合力量素质一起练习时，使用的负重要小于单独的力量素质练习，防止负重影响到速度的训练。

3. 重视训练后的身体放松

训练后的肌肉放松是十分重要的，没有恢复的训练是十分危险的。训练后的肌肉放松对速度的提升具有很大的影响。肌肉放松时，血液循环通畅，可以为参加活动的肌肉输送新鲜的氧气，加快了体内 ATP 的再合成速率，而 ATP 又是速度素质的直接能量来源，所以要重视运动训练后机体的恢复再生。

4. 预防和消除训练瓶颈

在速度素质训练时，遇到瓶颈是一件常见的事情。瓶颈为：速度素质发展到一定水平，常会出现提高缓慢甚至停滞不前的现象。因此，为了消除这种瓶颈，教练员应采取多样化的训练手段，加强基础训练，全面提高身体素质水平，防止和减弱瓶颈现象。如果已经出现了较为明显的停滞不前，那么可利用助力跑等方式改变已经习惯的动力定型，给身体建立新的条件反射。

5. 掌握速度素质训练的敏感期

速度素质的发展水平在一定程度上受到人体生长发育水平的制约。有研究表明，7~14 岁正处在速度素质的快速增长期(敏感期)。如果可以抓住这一阶段的速度练习，那么就十分有助于促进动作频率、单个动作速度及反应速度的快速发展。

（三）速度素质的训练方法

1. 反应速度训练

对于乒乓球运动员来说，首先是通过视觉的观察，然后是通过听觉对声音的辨别，经过判断后迅速做出相应的动作。因此，反应速度练习的特点就是要让运动员根据信号做出迅速且正确的反应。

① 反应球训练：使用一个小球(如乒乓球或网球)，让我们的搭档或教练随机地向我们抛掷球。我们需要迅速地反应并接住球或击打球，以锻炼我们的反应速度。

② 快速触发练习：在一个固定的起跑线上，使用起跑器、哨声或者手信号来触发我们的快速起跑。目标是在触发信号时迅速启动并加速，锻炼我们的反应时间和爆发力。

③ 视觉训练：使用视觉刺激(如闪光灯、数字或字母的快速展示)来锻炼我们的反应速度。观察刺激后，立即做出相应的动作，例如按下按钮或做出手势。

④ 视听联合训练：在观察和听觉刺激同时出现时，训练我们的大脑同时处理多个感官输入的能力。例如，观察屏幕上的图像，并在听到声音时做出相应的反应。

⑤ 视频游戏训练：选择一些专门设计用于提高反应速度的电子游戏，例如击打快速移动的目标或者在游戏中对敌人做出快速反应。这些游戏可以在娱乐中锻炼我们的反应速度。

⑥ 反应时间测试：使用专业的反应时间测试设备或者手机应用程序进行测试，并记录成绩。定期测试可以帮助我们评估自己的反应速度。

2. 移动速度训练

移动速度与人的神经过程的灵活性关系密切，神经兴奋与抑制过程灵活性越高，转换能力越强，人体两腿变换频率越高，移动速度自然也越快。移动速度是由单个动作速度和组合动作速度组合而成的。发展移动速度时要考虑反应速度、动作速度、位移速度之间的相互关系。就移动速度而言，反应速度是前提条件，动作速度则是基础。

① 进行短距离爆发力训练：短距离爆发力训练对提高移动速度非常有效。我们可以在一段短距离区域内，采用快速的爆发力跑，逐渐增加距离和速度，以强化肌肉的运动能力和提高神经反应速度。

② 冲刺训练：我们可以进行若干次短跑冲刺训练，通过爆发力来快速提高我们的移动速度及冲刺能力。

③ 进行爬山运动：爬山运动不仅可以帮助我们提高心肺功能，同时还能训练我们的全身肌肉，增加体力和耐力，从而更好地应对快速移动和临时突破。

④ 进行间歇性训练：间歇性训练可以提高我们的持久力和耐力，以便在场上长时间保持高速移动。这种训练模式通常是短暂高强度的运动，以交替休息的

方式进行，如快跑30秒，再慢跑1分钟。

⑤ 增加柔韧度：增加我们身体的柔韧性不仅有助于提高灵活性，也可以减少拉伤等运动损伤，从而减少恢复时间和增加训练量。扩展性训练动作可以采用瑜伽来进行。

⑥ 增加重量负荷训练：在移动速度训练中加入一些重量负荷，例如佩戴重量马甲或使用手持重物进行训练。这样可以增加我们的肌肉力量，通过提高肌肉的负荷承受能力来提高移动速度。

3. 动作速度训练

动作速度的训练方法和专项要求有关。动作速度的培养必须通过技术水平的巩固和提高，以及有关身体素质的发展来实现。

① 加强上肢力量的练习，力量越大，在击球时挥拍速度越快。

② 在限定的时间内要求运动员采用最快速度或频率完成挥拍次数。

③ 采用辅助器械如音乐节拍强化动作频率，以提高动作速度。

④ 利用器械重量变化后的后效作用进行练习。

四、灵敏素质

一般来说，灵敏素质是指人体在各种突然变化的条件下，能够迅速、准确、协调、灵活地完成动作的能力，是各种运动技能和身体素质在运动中的综合表现。总结来说，灵敏素质是指迅速改变体位、转换动作和随机应变的能力。灵敏素质之所以是运动技能、神经反应和各种素质的综合表现，是因为各专项的每一个动作都不同程度地体现了力量、速度、耐力、柔韧等素质。通过力量特别是爆发力，控制身体的加速或减速；通过速度，特别是爆发速度，控制身体移动、躲闪、变换方向的快慢；通过柔韧保证力量、速度的发挥；通过耐力保证持久的工作能力。灵敏素质和其他素质不一样，它没有客观的衡量标准，往往通过动作的娴熟程度来显示灵敏素质的高低。例如，力量用重量的大小来衡量；速度用距离和时间的比来衡量；耐力用时间的长短或重复次数的多少来衡量；柔韧用角度、幅度的大小来衡量。而灵敏素质只有用迅速、准确、协调完成动作的能力来衡量。具体表现在：是否具有快速的反应、判断、躲闪、转身、翻转、维持平衡和随机应变的能力；是否能自如地操纵自己的身体，在任何不同的条件下都能准确熟练地完成动作；是否能把力量（爆发力）、速度（反应速度）、耐力、协调性、节奏感等素质和技能通过熟练的动作综合表现出来。例如运动员的躲闪能力，必须通过躲闪动作来体现，而躲闪的快慢就表现了灵敏程度的高低。大脑皮层神经活动过程的灵活性以及分析综合能力，是灵敏素质的重要生理基础，因此，就可以通过训练、改善和提高各个感受器官的功能来增强机体的灵敏素质。除此之外，一般来说，在体育锻炼的实践中，掌握的运动技能越多就越熟练，大脑皮层中瞬时神经联系的接通就越快速、准确，机体的动作也就越灵巧。在对抗性的体育活动中(例如篮球、足球等)，灵敏素质是十分重要的。灵敏素质是人体各种运动能力在运动过程中的综合展现，良好的灵敏性不但有助于我们更快、更准确、更协调地掌握技术动作，还有助于让已有的各项身体素质充分、有效地运用到实践中。灵敏素质分为一般灵敏素质和专项灵敏素质。一般灵敏素质是指在完成各种复杂动作时所表现出来的应变能力。专门灵敏素质是指根据各专项运动所需要的，与专项技术有密切关系的，以及适应变化着的外界环境的特有的能力。专项灵敏素质是运动员在专项运动中迅速、准确、协调地完成动作的能力，它是在一般灵敏素质的基础上，多年重复专项技术、提高专项技能的结果。乒乓球的技术动作变化十分迅速，要求步法的移动、身体姿势的变化和反应判断等方面都表现出较高的灵敏素质，可见灵敏素质对一个乒乓球运动员来说是多么重要。

（一）灵敏素质的训练原则

灵敏素质训练是一种针对提高身体敏捷性、反应速度和灵活性的训练方法。在进行灵敏素质训练时，可以遵循以下原则：

① 个体化原则：根据每个人的身体条件、训练目标和需求制订有针对性的灵敏素质训练计划。不同人的身体素质和能力各不相同，因此训练计划应该根据个体特点进行调整，以达到最佳效果。

② 逐渐增加负荷原则：灵敏素质训练的负荷应该以逐渐增加的方式进行，逐步提高训练的强度和难度。开始时可以选择相对简单的动作和训练方式，然后逐渐增加挑战性，以避免对身体造成过大的负荷和损伤。

③ 全面发展原则：灵敏素质训练应该全方位地促进身体各个方面的发展，包括力量、耐力、灵敏性、协调性等素质。综合性的训练能够提高身体的综合素质，使得身体在各种运动及活动中更加灵活和敏捷。

④ 循序渐进原则：灵敏素质训练应该按照一定的顺序和步骤进行，以确保训练的系统性和连贯性。从基础动作开始，逐步引入更复杂的动作和组合，同时注意动作的技术正确性和安全性。

⑤ 科学性原则：灵敏素质训练应该基于科学的理论和方法，包括运动生理学、运动心理学和训练学等知识。科学的训练方法能够提高训练效果，降低潜在的风险。训练中应该合理安排休息和恢复时间，以保证身体能够充分恢复并适应训练的刺激。不恰当的训练或缺乏休息会导致身体过度疲劳和受伤。

⑥ 一般灵敏素质和专项灵敏素质结合原则：灵敏素质分为一般灵敏素质和

专项灵敏素质，一般灵敏素质适应一般活动的敏捷性、协调性，而专项灵敏素质要根据运动员所从事的体育运动项目进行练习。练习者进行灵敏素质的训练应从一般灵敏素质训练着手，结合专项运动项目动作的特点，设计一些符合专项技术动作需要的训练方法、训练内容等。

⑦ 安全原则：在进行训练时，始终以安全为首要考虑。选择合适的场地和器材，确保训练环境的安全性。避免过度训练和疲劳，注意保护关键部位(如关节和脊椎)，并遵循正确的运动技术和动作。

⑧ 多样性原则：在训练中引入多样性的动作和方法，以防止身体对训练的适应并提高训练的趣味性。灵敏素质是由大脑神经系统去分析、接受和完成的，而大脑皮层在神经肌肉活动的过程中有很强的可塑性和灵活性。在社会实践中，如果对一项体育运动有浓厚的学习兴趣和明确目标，就会全身心地投入。因此，在进行灵敏素质训练时，必须注重娱乐性、趣味性等快乐属性的开发，让运动员在轻松快乐的训练氛围中提高灵敏素质。通过改变训练动作、器械、环境等，可以激发身体不同的反应和适应。

⑨ 长期性原则：灵敏素质训练是一个长期的过程，需要持之以恒和经常性的训练。只有通过持续的努力和坚持，才能达到持续改进和进步的效果。与此同时，要定期进行绩效评估和反馈，以了解训练的进展和改进的方向。通过监控和评估，可以及时调整训练计划，以达到更好的效果。

⑩ 训练优先性原则：一般来说，青少年处于良好的机能状态之下，会具有更好的灵敏性。因此，在安排青少年进行灵敏素质训练时，应该选择在练习者精力比较旺盛的时间段进行锻炼。大多数应安排在运动训练课或体育课的前半部分进行灵敏素质训练，此时段运动员的精力比较旺盛，很适宜进行灵敏素质的练习。

（二）灵敏素质的训练注意事项

① 灵敏性的全面提高主要依靠于多建立有严格要求的条件反射。也就是说，多去学习正确的、随意的动作，越多越好。因此，在日常训练中要重视学习和掌握各种运动技能。

② 灵敏素质是由大脑皮层神经活动过程的可塑性和灵活性所决定的，前者表现为对动作的掌握能力，后者表现为对参加运动肌群的控制、指挥能力。灵敏素质与复杂的运动反射速度及准确性密切相关，这要求练习时要有较强烈的欲望，要有明确的目标追求，减少不动脑筋的盲目重复练习。

③ 人在疲劳时机体的灵敏性会变差，所以要不断去提高自己的耐力素质，这样对保持灵敏性有着积极的作用。

④ 灵敏素质是一种综合素质，与力量、速度、协调等素质有十分紧密的关系，特别是反应速度、动作速度、爆发力和协调性等对灵敏素质的影响很大。因此，在发展机体的灵敏素质时应从这些基本因素下手，同时结合所锻炼项目的运动特点，设计出最符合自身实际的锻炼内容。

⑤ 在进行灵敏素质的训练时，应保证有足够的间歇时间，好让身体有充分的休息，以保证氧气的供给和肌肉中 ATP 能量物质的合成。需要注意的是，休息时间不可过长，休息时间过长会使中枢神经系统的兴奋性大幅度下降，在下次练习中就会减弱对运动器官的指挥能力，这样肯定会影响练习的效果。一般来说，练习时间和休息时间可控制在 1∶3 的比例。同时，在训练结束后应积极放松身体，消除疲劳，促进机体恢复。

⑥ 在进行灵敏素质练习时，应采用各种有效的方法与手段，消除青少年紧张的心理状态和恐惧心理。这么做的目的是，在人心理紧张时，运动器官也必然会紧张，这样会导致大脑和机体反应迟钝，使得动作的协调性下降，影响灵敏素质练习的效果。

（三）灵敏素质的训练方法

提高青少年运动员的灵敏素质的训练方式有很多种，一般而言，根据练习时间的分配可分为集中练习与分散练习，根据练习内容的是否完整可分为组合练习与部分练习，根据练习是否使用器材可分为徒手练习与器械练习。教练员应根据需要尽可能采取逐渐增加复杂程度的练习方式。由于灵敏素质是人体综合能力的表现，发展灵敏素质必须从全面发展身体素质的综合能力入手，重点培养掌握动作的能力、反应能力、平衡能力等。主要练习方法如下：

① 跳绳：跳绳是一种简单而有效的灵敏素质训练方法。跳绳可以锻炼人的协调性、爆发力和心肺功能，尤其对肢体协调训练有很好的效果。

② 反应训练：通过反应板、反应球、反应套等装置进行反应训练，可以有效提高身体的反应速度和灵敏度。

③ 弹簧跑：弹簧跑是一种通过蹦跳来训练爆发力和灵敏度的训练方法，通过在弹簧跑道上快速蹦跳，锻炼人的灵敏度和爆发力。

④ 其他球类运动：例如足球、篮球等球类运动可以锻炼人的灵敏性和协调性，在移动、转身、突破、停顿等动作中锻炼出更好的灵敏度。

⑤ 静态体能训练：静态体能训练如仰卧起坐、平板支撑等，可以提高身体的协调性和核心力量，帮助身体更好地掌控自身姿态，增强身体的灵敏度和反应速度。

除了训练方法之外，饮食和休息也是提高灵敏素质的关键：要保证充足的睡眠时间，同时注重饮食营养的平衡，多摄入蛋白质、维生素等营养素，帮助身体更好地吸收和利用营养，提高身体的素质。

总之，要想提高灵敏素质，就要坚持科学的训练方法，掌握正确的姿势和动作，同时注意饮食和休息，给身体充分的恢复时间，才能获得持续的提高。

五、柔韧素质

柔韧素质是指人体在运动时各类关节活动的幅度、范围和肌肉、韧带的伸展能力。柔韧素质分为一般柔韧素质和专项柔韧素质。柔韧性差的人，会影响掌握动作技能，还会限制力量及速度、协调能力的发挥，也会造成肌肉、韧带损伤。

(一) 柔韧素质的特点

人们通常把柔韧素质简称为柔韧性。事实上，不能把柔韧性和柔软性混为一谈，虽说两者都可用身体活动幅度的大小来衡量，可是它们在本质上是有区别的：从字义上讲，柔韧是既柔和又有韧性，即柔中有刚，刚柔并济；而柔软只是柔且不硬，或者说柔中无刚，刚柔相济。从性能上看，韧在身体幅度中还含有速度和力量的因素，即当我们在做大幅度动作时，肌肉仍能快速有力收缩，既能弯曲也能迅速伸直。而柔软只是幅度大，缺乏速度和力量，具体指做动作时软绵绵的，打得开却收不拢。体育运动中需要的是柔韧性而不是柔软性。

柔韧素质从其与专项的关系来看，可以分为一般柔韧性与专项柔韧性。一般柔韧性是指为适应一般技能发展所需要的柔韧素质，专项柔韧性是指专项运动特殊需要的柔韧性。由于专项柔韧性具有较强选择性，因此，同一个身体部位具有的柔韧性由于项目的需求不同，在幅度、方向等表现上也有差异。柔韧素质从其外部运动状态的表现来看可以分为动力性柔韧性和静力性柔韧性。动力性柔韧性主要指肌肉、肌腱、韧带根据动力性技术动作需要，拉伸到解剖学允许的最大限度的能力，然后利用强有力的弹性回缩力来完成所要完成的技术动作。所有爆发力前的拉伸都属于动力性柔韧性。静力性柔韧性是指肌肉、肌腱、韧带根据静力性技术动作的需要，拉伸到动作所需要的位置角度，控制其停留一定时间所表现出的能力，如体操中的控腿动作、“桥”、劈叉、跳水运动员保持体前屈的姿势等就是这种能力的体现。动力性柔韧性往往建立在静力性柔韧性的基础上。静力性柔韧性好，动力性柔韧性不一定好。

(二) 柔韧素质的训练注意事项

① 逐步进行，不可急躁。柔韧素质训练需要循序渐进，一步一个脚印，不可急于求成。

② 热身运动不能少。柔韧素质训练前需要进行充分的热身运动，有助于提

高身体的温度和血液循环，减少受伤风险。

③ 注意身体姿势和力度。在进行柔韧素质训练时，需要注意身体的姿势和力度，以免造成身体部位的拉伤或扭伤。

④ 坚持训练，让身体逐渐习惯。常规训练可以增强身体柔韧性，建立肌肉的记忆，并让身体适应训练，促进柔韧素质的提高。

⑤ 柔韧素质锻炼必须与速度和放松练习相结合。这样可以保持发展肌肉、关节、肌腱和韧带的弹性，利于营养物质的恢复。

⑥ 发展柔韧素质时，要将动力性和静力性练习相结合。每次进行柔韧素质练习的时间不宜过长。柔韧素质必须在其他锻炼之前进行。

（三）柔韧素质的训练方法

① 静态伸展：选择一个舒适的姿势，将身体的某个部位保持在伸展状态，并保持一段时间。例如，坐在地上，双腿伸直并尽量靠近身体，保持伸展并尽量放松，重复多次。

② 动态伸展：通过有规律的运动来延展和放松身体的肌肉和关节。例如，做深蹲时慢慢下蹲，然后缓慢站起，重复多次。

③ 瑜伽：瑜伽是一种综合性的柔韧性训练方法，通过各种不同的体位和伸展动作来增强身体的柔韧性和平衡能力。

④ 拉伸带训练：使用专门的拉伸带或橡皮筋进行柔韧性训练，可以选择不同的动作和拉力来针对不同的肌肉群进行训练。

⑤ 动态释放训练：通过使用滚轮、网球或按摩球等工具，以身体的重量施加压力来释放紧张的肌肉和筋膜。

⑥ 本体感受骨骼肌拉伸法（PNF 拉伸法）：先以最大承受力做静态拉伸，保持 10 秒；然后受试者以 50%的力对抗做等长收缩，保持 10 秒；再以最大承受力做静态拉伸，保持 30 秒以上。此办法既可以拉伸目标肌肉，也可以提高肌肉力量。

第七章 乒乓球双打

第一节　乒乓球双打的概念

一、乒乓球双打的定义

乒乓球双打是由比赛双方各派出两名运动员，按照规则两人依次轮流击打一次球的比赛项目。双打的得分认定规则和单打是相同的，与单打不同的是双打的发球、接发球和接球次序。双打是乒乓球比赛中十分重要的一种比赛方式，具体有男子双打、女子双打、男女混合双打。

在乒乓球运动兴起的初期，双打是不为人们所认可的。因为当时很多人认为双打并不能反映一个国家的乒乓球实力的高低，单打才能反映真正的实力。历此，人们对双打的训练和研究是缺乏重视的，这也是双打技战术较长时间停滞不前的主要原因。

值得一提的是，中国乒乓球队经过10年的呕心沥血，终于在1963年举办的第27届世界乒乓球锦标赛上取得佳绩，男双组合张燮林、王志良为中国夺得了第1个冠军。接着，林慧卿、郑敏之在第28届世界乒乓球锦标赛中第1次获得女子双打冠军。此后，张燮林、林慧卿又在第31届世乒赛中第1次取得混合双打冠军。在那之后，随着中国乒乓球技术水平的不断提高，中国乒乓球队的双打水平也进入了世界前列，很少尝到败绩。

二、乒乓球双打的重要性以及意义

1. 重要性

世乒赛七个项目的五个单项比赛中，双打就占据了三个项目。在世乒赛的女团比赛中，第三场比赛就是双打，而第三场的输赢对整场比赛的影响是十分关键的。不仅是世乒赛，在奥运会中的男、女团比赛中，双打也是固定的比赛内容。在乒乓球世界杯中，男、女团体比赛的第三场也是双打。在2020年的东京奥运会，乒乓球团体比赛的赛制又迎来了新的变化，双打比赛设置为首盘比赛。因此，一旦首场的双打比赛失利，就给后续上场的选手带来巨大的心理压力和负担。由此可见，双打的重要性和地位是十分高的，可以说与单打齐平。如果想要在奥运会、世乒赛等重要国际赛事中取得团体比赛的胜利，那么拿下双打的那一分就至关重要。

2. 意义

乒乓球的双打不是一个人的战斗，是两个选手共同努力拼搏的项目。双打可以培养选手的沟通交流能力和团结协作精神。在双打比赛中，特别需要两名运动员之间的互相鼓励、互相信任、互相谅解、互相理解。双打战术的制定是要根据我方两位运动员的优势和对方运动员的劣势来权衡的，因此在战术执行时一定要无条件信任自己的队友。即使队友出现了失误，我们也不能在赛场上埋怨对方，一定要及时给予对方鼓励，争取减少后续的失误。双打比赛中的两名运动员是一个整体，因此赢了要一起庆祝，如果输了也要一起承担。

双打比赛中大部分时间都需要我们在跑动时接球，因此双打还有助于提高身体的机动性和步伐的敏捷性，可以培养我们移动时接球的能力。这些能力的提高对单打水平的提高也有着十分重要的促进作用。

三、乒乓球双打的特点

乒乓球双打是以单打为基础发展起来的。一般来说，单打的技术水平越高，双打的技术水平也会比较高。不过这种情况也不是绝对的，两个技术水平均大于对方的运动员配对也不一定百分之百能战胜技术较弱的对方。双打和单打相比，有以下的一些特点。

1. 发球区限制

在双打比赛中，发球必须从本方台区的右半区将球发至对方球台的右半区（包括中线），否则判为发球方失分。这样一来，发球的落点就会被限制在接发球一方的右半台中，接球方可以站在右半台等待球的到来，有利于接球方的接发球抢攻。因此，在双打时，我们就需要进一步提高发球质量，以限制对方的接发球抢攻。在单打的比赛或者训练时，我们通常习惯于站在球台的左侧进行发球（以右手持拍为例），很少会站在球台的右半区发球，因此可能会发不出较高的质量，所以双打选手要着重注意右半台发球的训练。

2. 击球顺序限制

双打的规则规定：在第一局发球时，发球的一方需要确定第一发球员，接发球的一方可以任意确定一名运动员为第一接球员，然后按照规定的顺序轮流交换发球和接发球。在每局结束后，需要更换相应的发球员和接发球员。在之后的各局中，发球方可以任意确定第一发球员，而第一接发球员应该是前一局发球给他的运动员。

在单局中，每次换发球时，前面的接发球员应该成为发球员，前面的发球员的队友应该成为接发球员。如果出现了击球次序错误的情况，会被直接判失分。在决胜局交换比赛场地时，发球次序保持不变，但接发球的一方应交换接球员的次序。这些规定都是根据比赛双方机会均等的原则做出的。

3. 双人配合作战

双打比赛是两个人协同作战，不管什么局势，双方都需要互相帮助、互相鼓励、互相信任、互相支持。在关键比分时，双打运动员的紧张程度会比单打还大。因此，双方必须有良好的沟通和交流，互相舒缓压力，然后共同争取比赛的胜利。

双打运动员是一个整体，可以说是荣辱与共的，赢了是两个人的荣誉，输了也需要两个人来承担。

4. 跑动中击球

双打是四名运动员依次进行击球，相比于单打，双打跑动的范围特别大，而且击球位置会更加不固定，前台、中台、远台的球都可能会出现，因此会经常出现跑动中击球的情况。面对这种情况，我们一定要提高自身的步伐水平和跑动中击球的能力。

第二节　乒乓球双打的配对和常见战术

一、乒乓球双打的常见配对

合理的双打配对是取得好成绩的重要基础。在双打配对时，除了要考虑两个运动员的思想基础外，还需要考虑两人技术特点的匹配性或互补性。良好的双打配对可以各取所长，充分发挥出两个运动员的优势。目前，比较常见的双打配对主要有以下几种。

1. 左手持拍和右手持拍运动员的配对

这种配对的特点是：在站位上两名运动员可以站在球台的两侧，左手持拍选手偏球台的右侧，右手持拍选手偏球台的左侧，这种站位可以让两个人充分发挥正手的威力。同时，这种站位还有一个优势，在两名运动员跑位时不会互相干扰，移动的范围也很小。孙颖莎和王楚钦这一对混双搭档就是这种配对，孙颖莎是右手持拍，王楚钦是左手持拍。这两名运动员组成的“莎头”组合多次在世界级比赛中夺冠。

2. 两面攻和左推右攻运动员的配对

一般来说，左推右攻选手站在前台，两面攻选手站在偏后的位置。推攻选手可以利用推攻速度快、落点变化大的优势来调动对方，使得对方回球质量下降，给两面攻选手创造抢攻的机会；两面攻选手可以站在偏中远台的位置找机会直接拉攻。

3. 两名两面攻或者两面拉运动员的配对

这种打法在欧洲比较流行，站位也要尽量保持一名在前一名在后。这种配对的优势是：可以充分发挥全台进攻的能力，没有进攻死角，回球的威力大、质量高，可以正反手抢拉、反拉，能给对方带来很大的防守压力。

4. 两名削球手的配对

削球属于一种偏向防守的打法。两个削球手配对时，最理想的情况是一名运动员擅长削转与不转球，一名运动员擅长近削逼迫角度。与此同时，还需要两名运动员不能只削不攻，应该具备一定的进攻能力，能在比赛中找到机会球从而进行抢攻得分，同时要注意前台和远台的调动。

5. 快攻型运动员和弧圈型运动员的配对

一般来说，快攻型选手站在近台，弧圈型选手站在中远台。快攻型选手在近台可以发挥出速度快的优势，给对方带来压力调动对方；弧圈型选手可以站在中远台拉加转的上旋球，使对方难以防守。这样两个人一个快、一个转，一个在近台，一个在中远台，跑位不会有太大的阻碍，同时有着很强的秩序感。

6. 攻球型运动员和削球型运动员的配对

在这种配对中，一般攻球手站在偏近台的位置，削球手站在中远台。削球手通过转与不转球的变化，给进攻选手创造进攻的机会。在使用这种配对时，一定要做好攻削两名运动员的配合与沟通，要坚决执行设计的战术。

二、乒乓球双打的常见战术

乒乓球的双打和单打一样需要合理且有效的战术，只靠技术不考虑战术很难取得比赛的最终胜利。由于双打是两个运动员协同作战，各人的技术特长和风格通常是不同的，因此在战术的设计和运用上比单打要复杂很多。在双打的战术制定中，一定要根据两名运动员本身的技术特点和特长来确定合理的战术，以在比赛中取得优势。在双打比赛中，先发制人、主动上手的战术思想是尤为突出的，通常一分球的胜负在前三板中就已经确定了。即使是以削球打法为主的配对，也应该注意找准机会进行主动抢攻，只靠防守很难取得比赛的胜利。下面是几种常用的双打战术。

1. 控强打弱

在双打比赛的配对中，无论两个选手的技术水平有多么相近，其比赛时的状态和心态总会有一定的区别。在高压的比赛中，对方的两名选手中很有可能出现一名选手状态不佳的情况，具体可以表现为很多无谓失误、接发球质量下降或者直接吃发球。这时，我们就可以选择对方状态不佳的选手作为我们的主要攻击目标。为了选准主要攻击目标，我们必须在赛前对对方的技术情况、打法特点有一定的了解。在战术执行时要注意控强打弱的原则，控强就是指根据各局比赛发球和接发球的顺序，对对方中较强者(或者状态、手感较好者)进行严密控制，尽可能不给或少给他主动进攻的机会；而较弱者(或者状态、手感较差者)则可以作为我方的主要攻击对象，力争在其身上直接得分。

2. 选择有利的接球次序

在单打比赛中，我们在赛前的抽签中如果中签通常会选择发球权，通过发球战术和发球抢攻等战术的设计占领比赛的主动。然而，在双打比赛中，大部分的选手会优先选择接发球，因为这样可以选择有利的发、接球次序。

混双比赛：即使男运动员和女运动员的技术水平相差不大，但在击球的力量和质量上，男运动员要比女运动员更有优势。因此，我方应选择男打女的次序。女选手通常比较容易吃男选手的发球，而且容易直接被男选手发力攻死。如果女运动员使用的胶皮是不同性能的，那么也可以选择女打女的策略，对方女选手更容易吃颗粒胶皮的旋转，从而给我方的男选手带来抢攻的机会。

男双或女双：在男双或女双比赛中，通常选择以强打强的次序。因为较弱者的攻球能力和控球能力一般较弱，所以需要我方的较强者来抵御住对方强者的进攻或者找准机会来进攻对方的强者。我方较弱者可以尽量把球成功接上台，如果能有落点的调动则更佳。但是上述的前提是我方在抽签中取得了先手，如果被对方取得了先手，而且对方选择了接发球，那么我们可以选择发球技术更好的一位为第一发球员，以争取在开局取得比分上的领先。

3. 发球和抢攻战术

双打比赛对发球的站位和落点有着严格的限制。在双打比赛中，由于我们必须把球发到对方的右半台，所以就应该有更多的旋转和落点上的变化。在面对水平较高的选手时，我们应该尽量把球发短，如果发出台了则很容易被对方直接抢攻，那么我们就会陷入被动。如果能在短的基础上再加上强烈的旋转，那么给对方带来的威胁就会更大。即使我们发的是短球，也存在着被对方挑打和拧拉的可能，因此我们要做好两手准备。如果对方抢攻我方该如何应对，如果对方没有抢攻我方该如何应对。

值得注意的是，我方发球时应该要考虑同伴的技术长处。在我们发球后的第三板是由第一发球员的同伴所完成的，因此在发球时要考虑同伴擅长抢攻的套路。例如同伴比较擅长拉高质量的下旋球，我们就可以发不出台的短下旋，迫使对方搓球，然后让同伴抓住机会抢拉。

4. 接发球抢攻

由于双打比赛中对发球的落点有一定的限制，因此相比于单打，双打的接发球有更多抢攻机会。在双打比赛中，对方选手的发球一定会发到我方球台的右侧，我们在遇到能抢攻的球时一定要抢攻或者抢冲。如果对方发的球较短，我们可以直接正手挑打或者反手拧拉，如果对方发的球较长，我们可以直接冲拉。如果对方的接球员主动退台并且擅长反拉上旋球，我们也可以控制一板短球。在回球落点方面，我们应该尽量让对方脚步动起来，我们可以在接发球时把球接到对方发球员的身旁以阻碍对方下一板接球员的顺利回球，这样可以使得对方的回球质量大幅度降低甚至直接失分。

5. 相持战术

在双打比赛的相持中，常用的战术具体如下：我方两名选手连续攻一角，迫使对方两人挤到一起，然后找机会突袭另一大角或追身球；交叉打对方的两角，使对方的两名运动员在不断跑位中造成紊乱，从而降低回球质量，我方伺机抢攻；压住对方的弱项进行进攻，然后伺机抢攻；通过改变击球的速度、节奏、落点和旋转来调动对方。

6. 各施所长

双打在制定战术时的思路和方针同单打是一样的：充分发挥出自身的优势，争取用我们的优势来打对方的弱势。如果我方双打配对的两人，一人的进攻能力较强，一人的防守能力较强，那么就可以让我方防守较强的选手来抵挡对方较强者的进攻，然后我方进攻能力强的选手可以多多攻击对方的较弱者。这样分工明确，通常能打出不错的效果。值得一提的是，比赛中也要时刻关注我方两名选手的实时手感和状态，如果一方的手感欠佳，失误率较高，就可以及时调整，手感不佳的一方尽量去过渡一板，然后争取给手感较不错的选手制造抢攻的机会。

第三节　乒乓球双打的站位和走位配合

一、双打的站位

双打是需要两名运动员轮流击球的，每一次击球完毕后都需要给队友腾出身位以方便队友击球，所以脚步移动会比单打多很多，移动的范围也会更大。因此，双打比赛中两人的站位就显得十分重要。如果站位合理，那么双方的让位会很方便，这样有利于两人的迅速移动，可以充分发挥出两个运动员的技术优势。如果两人的站位不合理，那么很可能会在跑位中出现两人冲撞的情况，这样不仅会影响队友的击球质量，甚至可能会出现身体受伤的情况。目前，常见的站位主要有平行站位和前后站位两种。

1. 平行站位

平行站位通常适合一名左手持拍的进攻型选手和一名右手持拍的进攻型选手的配对。在这种站位下，发球员一般站在球台的右侧，让出四分之三的球台给同伴，方便同伴的下一板抢攻。进攻型的选手在采用反手接发球时也常采用这种站位。

2. 前后站位

前后站位多是两名同侧手持拍的进攻型选手采用正手接发球时常用的站位方式。接发球的选手站在近台偏中线的位置，队友错位站立在接发球选手的身后，以利于下一板的正手进攻。攻削型选手也常采用这种站位，攻球手通常站在前面，削球手通常站在后面。

二、双打走位

1. 基本要求

双打比赛中对方的回球落点无规律，所以我方的两名运动员的移动范围要很广，走位速度要很快，这样才能做到及时回球。在双打比赛中，两名选手的走位应该尽量做到以下几点：①不影响我方队友的视线与判断来球；②不妨碍我方队友占据有利位置进行击球；③有利于自身下一板的连续击球。

2. 走位方法

常见的双打走位方法主要以下几种。

(1)“八”字移动

这种走位方法常用于一名左手持拍的进攻型选手和一名右手持拍的进攻型选手的配对。两人击球后均往自己的反手一侧移动，这样不仅给队友留足了回球的空间，还有利于发挥正手进攻的威力。

(2) 环形移动

两名右手持拍的选手配对时通常采用这种走位方式，常在发球、接发球、扣杀机会球、中远台的连续对拉时使用。

(3)“T”形移动

这种走位方法常用于一名站位近台和一名站位中远台选手的配对，例如快攻型选手和弧圈型选手的配对、近台削球手和远台削球手的配对、进攻型选手和攻削结合型选手的配对。这种走位方法的特点是，站在近台的选手主要横向移动，站在中远台的选手主要纵向移动，因此很像一个字母“T”。这样移动时，两人不会互相干扰，不会影响击球。

(4) 横 8 字移动

在对方有针对性地进攻我方一名运动员或者交叉打两角时，通常可以采取这种走位方法，后排的队员可以迅速替换到前面相同的位置。

(5) 交叉步移动

这种走位步法适合两名进攻型选手的配对。在实际比赛中，当对手逼我们的两大角时，或是在连续相持的交叉变线时常用这种步法。

(6) 随机应变移动

在实际比赛中，由于对方回球落点的不确定性，我们有时会出现一些设想之外的“救急”动作，这种情况下就需要两名选手具有很好的反应性、灵敏度和身体柔韧性，同时还要有很好的手感，这样才能化险为夷。这种随机应变的移动步法可以通过长时间的训练和比赛来提高。

双打比赛中需要两位运动员的不停走位，上述只是常见的几种双打走位方法，在实际比赛中通常需要几种方法结合运用，这样才能在千变万化的比赛中占据先机。

第四节 乒乓球双打的训练方法

一、乒乓球双打训练的注意事项

虽然乒乓球双打的规则和单打的规则相比略有不同，但是毕竟单打仍是双打的基础。单打水平的高低在很大程度上影响着双打技术和战术的使用，所以在进行双打训练的同时千万不能忽视单打技战术的训练，只有把自身的技战术全面提高，才能在双打中游刃有余。

双打比赛中四个人的移动范围均很大，因此在击球上或多或少存在一些限制。双打的回合数通常是低于单打的，所以一定要加强双打前 5 板球的质量，争取在每回合的开始就占据主动，压制对方。

双打比赛中经常需要跑动中击球，因此我们不仅要加强移动步法的训练，还要加强跑动中击球的手感，这样才能在双打中占据更多优势。

双打规则对发球的区域有着明确的限制。发球者必须把球发到对方的右半台，如果发球者的发球质量不高，那么很容易被对方抢攻上手，从而处于被动。因此，练好发球是双打比赛中十分重要的一个环节。对于接发球的一方，接球难度是有所降低的，因此要多注意使用接发球抢攻或者接发球控制对方的战术，从而占据主动。

二、常见的双打训练方法

常见的双打训练方法有一陪二练、二陪二练、多球训练三种。

1. 一陪二练

一陪二练，顾名思义就是一个陪练员陪同两名主练运动员一起训练，具体又可以分为定点训练、一点打两点、模拟比赛三种。

定点训练就是指陪练员定点击球到两位主练方台面的反手位或者正手位的某一固定点，然后主练方的两名选手轮流移动击球至陪练方的反手位或者正手位。根据主练方的两名运动员的技术水平逐渐加大难度(主要是回球的速度)，从而提高主练方两名选手之间的默契、反应速度和步法移动。

一点打两点就是陪练员站在球台的某一角，然后用正手拉弧圈球，交替击至主练方台区的两个大角，然后主练方的两名选手在穿插跑动中将球回击到陪练员台区的固定点。然后可以根据主练方的技术水平逐渐加大回球的速度、角度、旋转。

模拟比赛就是一名陪练员和两名主练选手进行模拟比赛，陪练员这边只有一名选手，所以可以不考虑双打的规则。这样的模拟比赛对双打方的要求更高，因为对方的回球速度会更快，而且会更及时。这种训练方法不仅可以增强两名双打选手的双打技战术，还可以培养反应速度、动作协调性和击球手感。

2. 二陪二练

二陪二练就是指陪练方和主练方都派出两名选手，其中又可以分为定点训练和不定点训练。

定点训练是指主练方的两名选手在来回换位移动中，定点将球交替击至陪练方台区左右两点，陪练方两名选手分别站守在左右半台，将球交替回击到主练方台区某一固定区域。陪练方可以根据主练方技术水平的提高逐步加大回球质量。

不定点训练是指球台上的四名选手均不用受落点的限制，可以说是最接近实际双打比赛的训练模式，也是双打技术、战术训练的主要方式之一。在这种训练方法中，陪练方和主练方的区分就没那么明显了，两边都可以使用各种双打的技战术。例如，主练方和陪练方都可以采用“压住一角，突然变线”的战术；或者陪练方采用“交替打两角，伺机杀空档”的战术进攻，然后主练方采用“交替回击，突袭变线”的战术防守。在如此练习到一定程度之后，就可以进行双打模拟比赛，尽量去模拟在赛场上进行双打比赛的节奏、心态，从而在真正的比赛时能够游刃有余。

3. 多球训练

在多球训练中，喂球人(通常是教练)会将很多数量的球以特定的轨迹、速度和旋转送到指定的落点或者区域，让训练员获得技术动作接近相同的重复，以此实现肌肉记忆的产生和强化。多球训练是乒乓球双打中十分常用的一种训练手段。多球训练可以大大减少捡球的时间，增加单位时间内的练习次数，从而提高训练的效率。同时，多球训练可以实现落点的大幅度变化，能够增大训练者的移动范围，提高练习难度、密度和强度，从而提高训练者的步法水平。从身体素质水平和意志品质的提高来看，在训练者的身体达到一定的负荷后适当增长喂球时间、增加喂球数量，能够达到提高耐力、发展力量的目的，还有助于增强运动员的意志品质，培养克服困难的信念。

具体可以练的技战术有双人移动中拉下旋、双人移动中两面攻、双人移动中扑攻、实战双打走位、削中反攻、正反手削球、双人移动中防守、接发球、接长短球等。

参 考 文 献

[1] 苏丕仁．乒乓球教学与训练[M]．北京：人民体育出版社，1995.

[2] 苏丕仁．乒乓球运动教程[M]．北京：高等教育出版社，2004.

[3] 陆爱发，顾楠．乒乓球运动员体能训练指南[M]．上海：同济大学出版社，2017.

[4] 中国乒乓球协会．乒乓球竞赛规则 2016[M]．北京：人民体育出版社，2017.

[5] 李荣芝．乒乓球运动的历史演进及跨文化传播研究[D]．上海：上海体育学院，2012.

[6] 施之皓，王艳．现代乒乓球运动教程：基本理论与技战术[M]．北京：高等教育出版社，2018.

[7] 刘建和，全国体育院校教材委员会．乒乓球教学与训练[M]．北京：人民体育出版社，2008.

[8] 王艳．运动即良药：乒乓球[M]．北京：科学出版社，2017.

[9] 王艳，佘竞妍．乒乓球运动基础教程[M]．上海：同济大学出版社，2022.

[10] 谢琼桓，夏娃．乒乓长盛的训练学探索[M]．北京：北京体育大学出版社，2002.

[11] 田麦久，刘大庆．运动训练学[M]．北京：人民体育出版社，2012.

[12] 苏丕仁．现代乒乓球运动教学与训练[M]．北京：人民体育出版社，2003.

[13] 苏丕宪，苏丕仁．乒乓百科知识[M]．北京：人民体育出版社，1995.

[14] 湖葵．二十一世纪乒乓球新技术[M]．武汉：武汉理工大学出版社，2017.

[15] 侯柏晨，谢勇，王焕珍，等．大学体育[M]．北京：人民邮电出版社，2017.